जाति ही पूछो साधु की

जाति ही पूछो साधु की

विजय तेंडुलकर

अनुवाद

डॉ. सुनील देवधर

वाणी प्रकाशन

वाणी प्रकाशन
4695, 21-ए, दरियागंज, नयी दिल्ली 110 002
फ़ोन : +911123273167 फ़ैक्स : +911123275710

शाखाएँ
अशोक राजपथ, पटना 800 004, बिहार
कॉफ़ी हाउस कैम्पस, महात्मा गांधी मार्ग, इलाहाबाद 211 001, उत्तर प्रदेश
महात्मा गांधी अन्तरराष्ट्रीय हिन्दी विश्वविद्यालय, वर्धा 442 001, महाराष्ट्र
सुल्तानिया रोड, मोतिया पार्क, भोपाल 462 001, मध्य प्रदेश
www.vaniprakashan.in
marketing@vaniprakashan.in
sales@vaniprakashan.in

JATI HI POOCHHO SADHU KI
by Vijay Tendulkar
Translated from Marathi to Hindi by Dr. Sunil Devdhar

ISBN : 978-93-87409-24-8
Play

प्रथम संस्करण 2019

मूल्य : ₹ 150

सिटी प्रेस, दिल्ली-110 095 में मुद्रित

वाणी प्रकाशन का लोगो मक़बूल फ़िदा हुसेन की कूची से

इस नाटक की पहली मंचीय प्रस्तुति 'आविष्कार' संस्था द्वारा छबीलदास नाट्यगृह दादर में 12 नवम्बर, 1976 को रात साढ़े 8 बजे की गयी।

दिग्दर्शक : अरविन्द देशपाण्डे

भूमिका

महीपति	:	विहंग नायक
बबन्या	:	नाना पाटेकर
नलू	:	सुषमा तेंडुलकर
चेयरमैन	:	अरविन्द देशपाण्डे
अक्का	:	शरयू मोपटकर
ईश्वरभाई	:	अरुण काकड़े
प्राचार्य	:	प्रभाकर पोतनीस

अन्य भूमिकाएँ 'आविष्कार' के कलाकारों ने कीं।

अंक : एक

[चकिया (जाता) चलने की घरघराहट के साथ महिला स्वर में गीत। परदा उठता है। महीपति रंग-बिरंगी कमीज़ पहने एक थैली कन्धे पर लटकाये, चेहरे पर मुस्कान लिए खड़ा है। मुस्कुराना उसका स्वभाव है, इसका उसके पास कोई इलाज नहीं।]

महीपति : कुछ क्षण एकाग्र होकर गीत सुनने के बाद, उनका स्वर कम होते ही दर्शकों को सम्बोधित करते हुए—वाह! ये गीत सुनते ही आँखों के सामने आ जाती है, गाँव की ज़िन्दगी। वहाँ की सुबह, अधखुली नींद और अपना सर गोद में लिए चकिया चलाती माँ (लम्बी साँस लेकर) यह सब तो कब का ख़त्म हो गया। मेरा भी कहीं कुछ गड़बड़ा गया है। साला गीत सुनता हूँ तो मुझे याद आती है पढ़ाई की चक्की और उसमें से पिसकर चून बनकर चुटकी-चुटकी निकले हम। एम.ए... महीपति बभ्रुवाहन पोरपारणेकर, एम.ए. विथ थर्ड क्लास... एम.ए. होना ही है, एक पुराना सपना। दिल में कब से पाल रखा था। सपने में बार-बार देखी थी नेमप्लेट—प्राध्यापक एम.बी. पोरपारणेकर एम.ए.—वा, वा, वा, कल्पना मात्र से शरीर रोमांच से भर उठता। इस स्वप्न की पूर्ति के लिए क्या-क्या किया। क्या नहीं किया ये पूछिए। एस.एस.सी. का सर्टिफिकेट हाथ आते ही गाँव से गिरते-पड़ते शहर में आ पहुँचा, रहने का कोई ठिकाना नहीं। न भोजन का कुछ पता। लेकिन कोई चिन्ता नहीं। स्टेशन पर सोये। लाई चना खाकर दिन काटे, उधारी, छोटी-मोटी चोरियाँ कीं। प्रतिष्ठित तरीके से भीख भी माँगी। मान-अपमान के फेर में नहीं पड़े।

हम्माली भी की। होटल में बैरे का काम किया। अख़बार बेचे। एक प्राध्यापक के बच्चों की देखभाल की, और दूसरे के यहाँ सरकारी दूध की बँधी बोतलें डेढ़ साल तक नियमित पहुँचायीं। पूछिए, किसकी जी हुजूरी नहीं की। कॉलेज के क्लर्क को भी प्राचार्य का रुतबा देकर कॉलेज की फीस न भरने के बावजूद नाम कटने से बचा रहा।

चपरासी के पाँव पड़कर, लाइब्रेरी में पढ़ने के लिए देर तक बैठने की जुगत भिड़ाई। उद्देश्य एक ही... दुनिया को अलविदा कहने से पहले एम.ए. होना है। लड़कियों की तरफ़ आँख उठाकर नहीं देखा। किसी को आँख नहीं मारी, सीटी नहीं बजायी। हाथ थे, बेंच भी थी। लेकिन दूसरे लड़कों की तरह बेंच बजाकर स्टपिंग का जश्न नहीं मनाया। सरसराते हाथों को बाँधे चुपचाप बैठा रहा। मन-ही-मन कहता ठीक है बच्चम जी...एक बार एम.ए. हो जाऊँ फिर दिखाता हूँ। तब तक चुपचाप ही रहना है। एम.ए. का आख़िरी साल कैसा गुज़ारा वो या तो मैं या केवल ईश्वर ही जानता है। दिनभर नौकरी, रात भर पढ़ाई, ठीकठाक पेपर देने के बावजूद पेट में गोला उठता, दिल धड़कता... और रिजल्ट आ गया। झक्क पास...। उत्तीर्ण। थर्ड क्लास तो थर्ड क्लास ही सही। लेकिन डिग्री तो हासिल की। एम.ए...कितनी बड़ी कीमत चुका कर कितनी घोर तपस्या के बाद। *(बाँह से आँखें पोंछते हुए)* उस दिन वो थर्ड क्लास भी फर्स्ट क्लास की तरह कीमती मालूम पड़ा था। अपने पैसे से एक दोस्त के साथ रात को पिक्चर देखी। उसे अपने थर्ड क्लास वाली बात नहीं बताई। बेकार में ही हँसी-वसी होती। रात को सोते समय तय किया। दृढ़ निश्चय किया कि नौकरी में कल दस रुपये की बढ़ोतरी माँगूँगा। आख़िर एम.ए. किया है। इतना करने के बाद बदले में, क्या कोई इतना भी नहीं करेगा। सिर्फ़ दस रुपये? वो भी इतने सालों बाद?

[रंगमंच पर दूसरी ओर ईश्वरभाई आकर टेबल के पास बैठकर नाक की नोक पर चश्मा रखकर प्रूफ देखना शुरू करते हैं, मुँह खुला हुआ है।]

सुबह काम पर गया मन पक्का कर, मन-ही-मन दुहरा रहा था... ईश्वरभाई एक ख़बर देनी है, ईश्वरभाई मैं कल एम.ए. पास हो गया। पास रॉयल क्लास में, एक गुजारिश है, इतने साल में कभी कोई माँग नहीं की, कभी काम में कोई कसर नहीं की, अब...वेतन में बढ़ोतरी...(*थूक गुटककर*) मिलेगी, बहुत नहीं बस दस रुपये (*पसीना पोंछते हुए*) बढ़ोतरी चाहिए थी सिर्फ़ दस रुपये (*घबराहट और नर्वस होता है*)। दस रुपये वो भी एम.ए. पास कर लिया इसलिए...

ईश्वरभाई : (*देखते हुए*) कौन? महीपति? क्यों रे? क्या बात है?

महीपति : कुछ नहीं कल ही...(*थूक गुटकते हुए*)

ईश्वरभाई : कौन जाता रहा, देखो भाई एडवांस वग़ैरह इस हफ्ते तो नहीं मिल सकता।

महीपति : नहीं कोई मरा नहीं मैं पास हो गया।

ईश्वरभाई : अरे हाँ, अब याद आया मैं तो भूल ही गया था, तुम्हें एक बात बतानी थी, बैठो बैठो,...बैठो भी—महीपति।

महीपति : कैसे बैठूँ?

ईश्वरभाई : अरे कल एम.ए. पास हुए हो तुम, बैठो।

महीपति : (*शर्माता है*)

ईश्वरभाई : अब तुम कनिष्ठ नहीं रहे चाय मँगवाऊँ। अच्छा तो, नहीं मँगाते। लेकिन कल अपने ट्रस्टीज की मीटिंग हुई उसमें तुम्हारे बारे में भी बात हुई। मैंने ख़बर सुनायी सबने तुम्हें बधाई दी है। उसके बाद अब अपनी ये संस्था ठहरी आदर्शवादी दूसरे इन दिनों काम भी कम होने से, तुम्हें तत्काल नोटिस देकर तुम्हारी सेवाएँ समाप्त करने का, एकमत से निर्णय लिया गया।

महीपति : (*हक्का-बक्का*) क्या...?

ईश्वरभाई : और क्या, अरे नौकरी तो तुम्हें कहीं भी मिल जायेगी, वेतन भी ज़्यादा मिल जायेगा अब तुम एम.ए. हो। इसके बाद तुम्हारी योग्यता के हिसाब से यहाँ काम भी कहाँ बचा है?

महीपति : लेकिन, यानी मैं...

ईश्वरभाई : जाओ अब तुम। एक तारीख को आकर अपना बकाया ले जाना, बस बहुत हुआ। इतने दिनों तक तुम्हें इस संस्था ने

सहारा दिया। तुम एम.ए. पास हुए इस बात पर हमें गर्व है, लेकिन अब तुम्हारे पर निकल आये हैं, तुम जाओ, जय हिन्द।

[ईश्वरभाई अन्दर चले जाते हैं]

महीपति : (कुछ देर तक बुत की तरह खड़े रहने के बाद) बढ़ोतरी मिलने की बजाय नौकरी से ही निकाल दिया। एम.ए. पास करने का यह पहला इनाम। वेतन बढ़ाने का सवाल ही खड़ा न हो इसलिए आदर्शवादी ट्रस्टीज ने मुझे नौकरी से ही निकाल दिया। बड़े होशियार। अब इस पर हँसूँ या रोऊँ। समझ में नहीं आ रहा।

महीपति बभ्रुवाहन पोरपारणेकर, एम.ए. बेकार-बेकार

[वहाँ गाँव वाले आते हैं राम-राम करते हैं, लेकिन महीपति अपनी सुध-बुध में नहीं]

पहला : क्यों रे महिया, बेटवा, मस्ता गये एम.ए. होते ही, एँ?

दूसरा : भड़वे पहचानता भी नहीं हमें?

तीसरा : तेरे एम.ए. के मास्टर ने यही पढ़ाया तुझे, क्यों?

पहला : कुछ बीड़ी-सिगरेट तो निकाल बचुवा।

दूसरा : तेरे वास्ते, तेरे बाप ने धूल फाँकी इसीलिए तू एम.ए. हो सका न।

तीसरा : हम तेरे बाप की तरह हैं और तू क़ायदे से पाँव छूना तो दूर राम राम भी नहीं करता? एँ?

पहला : धिक्कार है, थू तेरी।

दूसरा : वो जाने दो साहेबराव, ऐसा तो होना ही था। देख महिया, तू बीड़ी पिला कि न पिला, चाय पिला न पिला, पाँव छू या नहीं, लेकिन जाति के पंचों ने तुम्हारा अभिनन्दन करने का प्रस्ताव पास किया है।

पहला : हाँ, इसीलिए तो इस नालायक के पास आये हैं।

दूसरा : और इसे देखो तो टाँगें आसमान पर हैं।

तीसरा : ऐ बच्चू एम.ए. पास किया तो क्या इन्द्र के सिंहासन का रिजर्वेशन मिल गया तुझे?

पहला : हम बताते हैं मामा, अपुन जो पढ़ा होता न, तो इसकी तरह एम.ए. वेम.ए. करके न रुक जाता। पूरा एस.एस.सी. करके ही मानता। हाँ।

दूसरा : चुपकर तू, महिया कुछ भी क्यूँ न हो हमारी जाति में तो तू ही पहला एम.ए. है।

पहला : अन्धों में काना राजा ही सही!

तीसरा : इसीलिए तेरा अभिनन्दन जाति के लोगों को करना ही चाहिए। ये हमने तय किया है, और तहसील के तहसीलदार को ही, वो क्या कहते हैं अध्यक्ष–हाँ वही, उसे फिक्स भी कर दिया है। समझे।

[सभी लोग फ्रीज पोज़ीशन में]

महीपति : (*दर्शकों से*) महीपति पोरपारणेकर एम.ए. बेकार, ऊपर से सत्कार–अन्धों में काना राजा होने के उपलक्ष्य में। तबीयत हुई थी कि एक लट्ठ लेके सबको दौड़ा दूँ। लेकिन डिग्री के लिए हाथ में पेन और पुस्तक का बोझा ढोते-ढोते लट्ठ पकड़ने की प्रेक्टिस नहीं रही। हाथ उठाने के बजाय हाथ फैलाने की आदत पड़ गयी थी और उसमें भी गाँव का मामला। अगर कहीं कुछ नहीं मिला, कोई भी काम तो दो जून की रोटी तो ये गाँव खिला ही देगा।

गाँव वाले : (*फ्रीज पोजिशन से एकदम चेतन होते हुए*) तो फिर अब जायें?

[महीपति सब के पाँव छूता है।]

तीसरा : हाँ अब देखो साहेब राव, पढ़ा-लिखा है पर बेटा कैसा है।

दूसरा : आप ही देखो मामा, इतना काफ़ी है।

पहला : कैसा भी हो, है तो अपनी जाति का, चलो चलो

[पहला, दूसरा, तीसरा सब अन्दर जाते हैं।]

महीपति : (*दर्शकों से*) जाति मेरी–जाति कौन-सी? सच तो यह है कि इस जाति को भुलाने के लिए ही रात-दिन एक करके डिग्री हासिल की। माथे पर भले ही डिग्री की सफ़ेदपोश मुहर लग गयी हो लेकिन पीठ पर चस्पाँ जाति का रबर स्टाम्प नहीं हट सका। कैसा भी हो मगर अपनी जाति का है जाति की ओर से अभिनन्दन। जाति का पहला एम.ए.। जाति और सच कहूँ तो गाँव के उन अन्धों के बीच, अभिनन्दन के बहाने ही सही थर्ड क्लास एम.ए. वाले काने राजा की तारीफ़ सुनते-सुनते हार पहनते हुए, मन ख़ुशी से झूम रहा

था, ये तो मानना पड़ेगा। अभिनन्दन के जवाब में आभार व्यक्त करते हुए गला भर आया था और आँखें नम हो आयी थीं। जान रहा था कि साला सब बेकार है, ओछापन है, टुच्चेगिरी है, अपने आप से कहा अरे बैल, बेकार कर देने वाली इस डिग्री की लँगड़ी टाँग लेकर पहले यहाँ से भाग। लेकिन उस सम्मान समारोह में मेरा बाप भी हाज़िर था। एक निरक्षर, बाबरा चौपाये की भक्ति करता जीव। माँ थी सिर्फ़ बाप की परछाईं की तरह। पाँच बच्चे जनने वाली। उनमें से ही एक मैं। दो भाई थे। कब का स्कूल छोड़कर खेत में खटने वाले। सब को ऐसा लग रहा था जैसे एक साथ सातवें आसमान को छू लिया हो। और ऐसा भी लगा जैसे मैं कोई पराया हूँ। जैसे एक डिग्री से मेरा नाता उनसे छूट गया था। दरअसल पहले से ही मैं उनसे अलग हो बैठा था। अज्ञान, अन्धविश्वास, घर-बाहर एक-सी ज़िन्दगी भुलाने के लिए ही तो मैं घर छोड़कर शहर भाग आया था। उनके लिए दो दिन गाँव में रहना पड़ा। दोनों वक़्त प्यार से परोसा भोजन पेटभर खाते समय भी शहर की उस भुखमरी के लिए मन तरस रहा था। जब शहर में आया तो जान में जान आयी। अब नया सवाल था नौकरी की तलाश।

[ईश्वरभाई आकर टेबल के पास बैठते हैं दाँत कुरेदते हुए]

ईश्वरभाई : क्यों रे महीपति, अभी नहीं एक तारीख को। एक तारीख को आना। अभी जाओ।

महीपति : नहीं, वेतन लेने नहीं आया (*दर्शकों से*) पता नहीं कैसे, अब पहले-सा डर लिहाज नहीं होता।

ईश्वरभाई : फिर।

महीपति : बस यूँ ही।

ईश्वरभाई : ऐसे ही, कुछ तो कारण होगा।

महीपति : नहीं, बिल्कुल नहीं।

ईश्वरभाई : होगा, कुछ तो ज़रूर होगा, तुम थाह थोड़े न लेने दोगे। अब एम.ए. हो न तुम।

महीपति : (*दर्शकों से*) राष्ट्रीय आन्दोलन में कूद पड़ने के कारण खुद ईश्वरभाई मैट्रिक तक पास नहीं थे।

(*ईश्वरभाई से*) सच कुछ भी वजह नहीं। वक़्त नहीं कट रहा था। चला आया। आदत पड़ी हुई है न?

ईश्वरभाई : अगर सोच रहे हो कि चाय-वाय मिलेगी, तो वो मिलने वाली नहीं है। समझे। क्या ज़माना आया, आर्थिक परिस्थिति पर एक सम्पादकीय लिखने की सोच रहा हूँ। ज़रा तीखा चुभता हुआ लिखूँगा।

महीपति : (*दर्शकों से*) ईश्वरभाई पाक्षिक चुभन और तीखा पढ़ने वाली पाठक जनता महाराष्ट्र में सिर्फ़ दो हज़ार है। मैं ही तो डिस्पैच करता था।

(*ईश्वरभाई से*) ज़रूर लिखिए। वैसे भी मुझे चाय की कोई चाहत नहीं थी। (*आगे आकर बेफ़िक्री से कुर्सी पर बैठ जाता है*) ए गंगाराम।

ईश्वरभाई : *(नापसन्दगी से)* क्या काम है गंगाराम से, वो तो संस्था का प्यून है।

महीपति : आपके लिए चाय ऑर्डर कर रहा था।

ईश्वरभाई : (*मुँह खुला का खुला*) कौन तुम?

महीपति : हाँ, मैं ही क्यों?

ईश्वरभाई : लगता है एम.ए. होते ही जेब गरम हो गयी है।

महीपति : आपको चाय पिला सकूँ इतनी तो है।

ईश्वरभाई : मुझे अभी सच में इच्छा नहीं है चाय पीने की।

महीपति : लेकिन मेरी है न *(दर्शकों से)* मेरी मँगवायी हुई चाय ईश्वरभाई ने चुसकी ले लेकर पी।

ईश्वरभाई : मैं क्या करूँ तुम्हारे लिए? तुम्हें नौकरी से निकालने का निर्णय संस्था ने लिया है।

महीपति : फिर से काम पर लीजिए, इस वास्ते मैंने आपको चाय नहीं पिलाई।

ईश्वरभाई : नहीं वो क्या है, बात साफ़ हो तो अच्छा, इसके अलावा उधार दे सकने लायक पैसे भी मेरे पास नहीं हैं।

महीपति : मुझे चाहिए भी नहीं।

ईश्वरभाई : पहले से बता देना अच्छा, अगर एडवांस के लिए...

महीपति : मुझे एडवांस नहीं चाहिए।

ईश्वरभाई : फिर तुम्हें चाहिए क्या?

महीपति : सन्तोष। आपके सामने आपके माफ़िक बैठकर, अपने पैसे से आपको चाय पिलाने का सन्तोष।

ईश्वरभाई : *(सुनकर अच्छा नहीं लगा—फिर भी)* अबे चोट्टे।

महीपति : थर्ड क्लास एम.ए. पास होने के एवज़ में इतना छोटा-सा सन्तोष। बहुत दिनों से मन में था। आपने कभी मुझे बैठने तक के लिए नहीं कहा, चाय की बात तो दूर। नौकरी से हटाते वक़्त ज़रूर, सिर्फ़ नाम के लिए पूछा था, बैठो चाय पियोगे?

ईश्वरभाई : ज़िन्दगी इसी का नाम है।

महीपति : वो अभी देखना है। लेकिन आप जैसे हैं, उससे मुझे कोई शिकायत भी नहीं।

[ईश्वरभाई कुनैन की गोली खाये जैसा कड़वा मुँह बनाये बैठे है।]

मुझे काफ़ी दिनों तक समझ नहीं आया कि आदर्शवाद इतना कंजूस क्यों होना चाहिए? अब जान गया हूँ। आदर्शवाद में भी दुनियादारी शामिल है।

ईश्वरभाई : क्या बात कही है महीपति, दुनियादारी से कोई नहीं बचा।

महीपति : हम ही ग़लतफ़हमी पाल लेते हैं, उदात्त, महान वग़ैरह समझकर।

ईश्वरभाई : अच्छा भाई, अभी मुझे सम्पादकीय लिखना है।

महीपति : एकदम चुभता हुआ लिखियेगा।

ईश्वरभाई : हाँ लिखता हूँ तो फिर अब निकलते हो?

महीपति : ख़ूब तीखा लिखियेगा।

ईश्वरभाई : अच्छा, अब जाओ तो।

महीपति : आप कह रहे हैं इसलिए जा रहा हूँ, लेकिन जब-तब इधर आने का इरादा है। नहीं, आपकी इजाज़त नहीं माँगी। लोग आते हैं न आपसे मिलने—बस उसी तरह।

ईश्वरभाई : तुम्हारी मर्ज़ी।

महीपति : इन टाँगों को आदत लगी है न। यहाँ आये बग़ैर अच्छा नहीं लगेगा और इन दिनों कोई काम भी नहीं है।

ईश्वरभाई : क्या काम करने का इरादा किया है?

महीपति : अर्जियाँ भेजने का, चुन-चुन कर सारे कॉलेजों में आवेदन करूँगा। नाम के आगे प्राध्यापक लगना चाहिए। अर्जी का ड्राफ्ट सायक्लोस्टाइल करके रखने का विचार है।

ईश्वरभाई : हूँ।

महीपति : *(दर्शकों से)* सायक्लोस्टाइल का तो मामला जमा नहीं, लेकिन हाँ अर्जियाँ लिख-लिखकर भेजी हैं। पहले शहर के प्रसिद्ध कॉलेजों में, फिर नये कॉलेजों में उसके बाद गाँव के नये कॉलेजों में भी आख़िर पाक्षिक पत्रिका को डिस्पैच करने में हाथ माहिर थे। लिखो, डालो लिफ़ाफ़े में, लगाओ टिकट और करो डिस्पैच। डाक टिकट का ख़र्च एम.ए. की किताबें और कॉपियाँ बेचकर पूरा किया। वैसे आज की शिक्षा पूरी तरह बेकार साबित नहीं होती।

[ईश्वरभाई अन्दर जा चुके हैं।]

महीपति : जैसा बोओगे वैसा काटोगे।

[पृष्ठभूमि में प्लेकार्ड्स दिखते है]

नो वेकेन्सी, जगह खाली नहीं,
जग्या नथीं
नो वेकेन्सी उर्दू में भी लिखा है।

ये सब बोयी हुई अर्जी के जवाब उग आये थे। जवाब पाने के लिए टिकट लगा लिफ़ाफ़ा नहीं माँगा था। इतनी अर्जियाँ आती होंगी कि बेचारा क्लर्क भूल ही जाता होगा कि कौन-सी अर्जी में टिकट लगा लिफ़ाफ़ा नहीं आया है। मजमून वही लेकिन रोज़ डाक आती है इसी ख़ुशी में दिन अच्छे गुज़र रहे थे। किसी के इन्तज़ार की ख़ुशी का नया तजुर्बा। हर रोज़ नये इनकार लेकर आने वाले पोस्टमैन का इन्तज़ार, इनकार में भी फ़र्क़ होता है जैसे सीधा-साधा इनकार। दूसरा खेदयुक्त इनकार, परोक्ष इनकार, मज़बूत बेरुख़ी से इनकार। इन इनकारों के वर्गीकरण की नयी हॉबी जागी। कहीं-कहीं से कोई जवाब ही नहीं आया, इससे यह भी साबित हुआ कि टिकट लगा लिफ़ाफ़ा भेजने के बाद भी जवाब आयेगा ये ज़रूरी नहीं वैसे ये बात और है कि मैंने जवाब के लिए टिकट लगा लिफ़ाफ़ा भेजा ही नहीं था। पर जवाब भेजने

वालों के पास इतना समय कहाँ कि किसने भेजा, किसने नहीं इसका ध्यान रखें।

[लिफ़ाफ़ों का एक बण्डल उठाकर महीपति उन लिफ़ाफ़ों को जगह-जगह फूलों की तरह सजाना शुरू कर देता है।]

देखते-देखते हमारा शीशमहल इनकार महल में बदल गया। ये भी सम्भावना थी कि किराया न दे पाने की वजह से हमें कमरा देने से ही इनकार कर दिया जाता। टाइम टेबल पक्का हो चुका था। रोज़ सुबह निःशुल्क वाचनालयों (लाइब्रेरी) में समाचार-पत्रों में उच्च शैक्षणिक वाण्टेड विज्ञापनों को देखना। पते नोट करना। दोपहर में पुराने लिफ़ाफ़े पर नया काग़ज़ चिपकाकर फिर नयी अर्जी भेज देना, डाक का इन्तज़ार करना, आने वाले इनकार का वर्गीकरण, विश्लेषण। फिर बायीं करवट लेकर थोड़ी नींद। शाम को घूमने और आसपास की सुखदायक चीज़ें देखने की कसरत। रात को भरपूर नींद और नींद न आये तो चिन्तन-मनन या फिर आये हुए इनकार की गिनती करना और कल कितने आयेंगे इसका अनुमान लगाना। मिला हुआ वेतन अभी ख़त्म नहीं हुआ था इसलिए पेट भरने की चिन्ता नहीं थी। कभी-कभार ईश्वरभाई के दर्शन। मैं कुछ भी नहीं माँगता ये देखकर अब वो मुझसे नार्मल यानी इन्सान की तरह पेश आने लगे थे। इसी बीच 'सिफारिशिज़्म' पर मेरा अध्ययन जारी था।

[इसी बीच...का व्यक्ति आकर बैठ जाता है।]

महीपति : (*दरवाज़े की बेल बजाने का अभिनय करते हुए*) मे आई कम इन सर।

गृहस्थ : (*चिढ़कर*) कौन है, इन दिनों ज़रा इत्मीनान से बैठना भी मुश्किल है।

[महीपति आकर अपने स्वभाव के मुताबिक़ हँसते हुए झुककर नमस्कार करता है।]

महीपति : मैं प्राध्यापक महीपति वभ्रुवाहन पोरपारणेकर।

गृहस्थ : (*चेहरे पर बदबू आने का भाव लाकर*) क्या है, आप कहाँ प्रोफ़ेसर हैं?

महीपति : प्राध्यापक...अभी होना बाकी है। हूँ नहीं। अभी-अभी एम.ए. पास किया है। (*थैली में से एक पुड़िया निकालकर उनके सामने रखता है*)

गृहस्थ : क्या है ये?

महीपति : मिठाई। मेरे एम.ए. पास होने की ख़ुशी में। शुद्ध घी की है, जानबूझकर लाया हूँ।

गृहस्थ : रखिए, रखिए (*मजबूरी से*) अच्छा है, अच्छा है, पास हो गये।

महीपति : (*खुद बैठते हुए*) वो तो अभी तय होना है सर। (*पुड़िया में से मिठाई निकालकर देते हुए*) लीजिए, चखिए।

गृहस्थ : (*चखकर सन्तोष व्यक्त करते हुए*) अच्छी है, कहाँ मिलती है?

महीपति : मैं ही ला दूँगा फिर से, उसमें क्या बड़ी बात, मेरे रास्ते पर ही तो दुकान है।

गृहस्थ : थैंक्यू, थैक्यू (*सन्देह से*) किसी काम से आये हैं मेरे पास।

महीपति : काम यही, आपको मिठाई देने का।

गृहस्थ : लेकिन हमें ही क्यों, याद नहीं आता आपको कहाँ...

महीपति : एकदम सच कहूँ सर, आप जैसे लोगों का आदर्श सामने रख मैंने पढ़ाई पूरी की। आपने नहीं देखा होगा मुझे लेकिन मैं आपको रोज़ देखता था पूरे मन से। शायद इसे आप अतिशयोक्ति समझें लेकिन मेरे एम.ए. पास होने का आधा क्रैडिट आपको है।

गृहस्थ : (*अविश्वासपूर्वक*) नो, नो।

महीपति : नहीं कैसे सर—है ही, मैंने कहा ही था आपको अतिशयोक्ति ही लगेगी, लेकिन इसके पहले आपके पास मिठाई लेकर आने का कोई कारण मेरे पास नहीं था। इस बात पर विचार करें न सर। लीजिए और लीजिए। अस्सल चीज़ है।

गृहस्थ : (*मिठाई लेते हुए*) इसमें कोई शक नहीं (*खाते हुए*) अच्छी है। बहुत अच्छी है।

महीपति : (*दर्शकों से*) सिफ़ारिशिज़्म का ये पहला पाठ जो मैंने, प्रैक्टिकल कर के देखा। आदमी पहचान कर उसे ख़ुश कर देना। इसमें सफल रहा। इस आदमी को मैंने तीन बार ख़ुश किया। उसने भी मुझे अमुक-अमुक जगह चिपकवा देता

हूँ का आश्वासन देकर बार-बार खुश किया। लेकिन बस इतना ही, साले ने काम नहीं किया। सिर्फ़ भरपेट मिठाई खायी मेरी, मेरे आख़िरी वेतन के पैसों की और मुझे सिर्फ़ सब्ज़बाग़ दिखाये।

मिठाई मेरी खायी और चिपकवा दिया अपनी जाति के उम्मीदवार को। कोई अपनी जाति के, कोई अपने रिश्तेदार तो कोई अपनी जान-पहचान के उम्मीदवार को चिपकाने का वादा लिए बैठा था और अकेले हम ही साले ऐसे थे जिसका कोई भी चिपकवा सकने के क्षेत्र में था ही नहीं। मतलब ये कि सब्ज़बाग़ का हरा-भरा जंगी स्टाक हमारे पास जमा हो गया लेकिन प्राध्यापक नाम का हरा-भरा पेड़ किसी तरह हाथ नहीं लग रहा था। कहीं हमारा थर्ड क्लास दग़ा दे जाता तो कहीं हमारी जाति आड़े आ जाती और समस्या ये थी कि अपनी जाति न तो एकदम ऊँची थी और न ही एकदम नीची। कभी लगता कि अधर में लटकी-सी अपनी जाति की दिक्कत को धर्म परिवर्तन कर, दूर किया जाये।

[गृहस्थ अन्दर चले जाते हैं।]

और एक रोज़ निशाना लग गया। पता नहीं कैसे एक अर्जी निशाने पर जा लगी और इण्टरव्यू का कॉल आ गया। कहाँ से? महाराष्ट्र के उस इलाके के नये नवेले एक वर्ष पुराने कॉलेज से। जिसे कुछ लोग पिछड़ा इलाका कहते हैं। प्रोफ़ेसरी तो अभी बहुत दूर थी लेकिन इण्टरव्यू कॉल मात्र से ही हम ख़ुशी से नाच उठे। गा उठे। प्राध्यापक महीपति पोरपारणेकर ने चक्रव्यूह का पहला चक्र तो पार कर लिया था। बार-बार इस बात का यकीन कर लिया कि कॉल किसी और को नहीं हमें ही आया है। हमारा सरनेम ही कुछ ऐसा था अलौकिक कि किसी दूसरे का कॉल हमें आने की सम्भावना ही नहीं थी। पूरे भारत में दूसरा कोई पोरपारणेकर एम.ए. नहीं था। इसी पोरपारणेकर को ही कॉल कर किया गया था, मुलाक़ात का वादा। पहला साक्षात्कार उर्फ़ पहला इण्टरव्यू।

[ईश्वरभाई अन्दर आते हैं दाढ़ी के बाल नोंचते हैं।]

ईश्वरभाई : क्यों भाई महीपति, आज ब्रह्ममुहूर्त में दर्शन दिये।

[महीपति लिफ़ाफ़ा पकड़ाता है उसे देखकर]

क्या है? कॉल *(खोलकर देखते हैं और मुँह बनाकर वापस करते हुए)*।

अभी इण्टरव्यू होना बाकी है, फिर सिलेक्शन, हज़ार लफ़ड़े हैं अभी।

महीपति : लेकिन कॉल तो आया।

ईश्वरभाई : अगर हमसे पूछते हो तो सच कहूँ कि इसमें बछड़े की तरह उछलने जैसी कोई बात नहीं है महीपति। बस इतने पर इस तरह उछलना उथलेपन की निशानी है। अपरिपक्वता का लक्षण है।

महीपति : वैसे भी मैं अपरिपक्व हूँ, लेकिन आज चाय पिलाइए न।

ईश्वरभाई : चाय।

महीपति : हाँ, सेलिब्रेट करते हैं।

ईश्वरभाई : सिर्फ़ इसलिए कि इण्टरव्यू कॉल आया है। अरे पहले सिलेक्शन तो होने दो। वो इतना आसान नहीं। महीपति। आसान नहीं।

महीपति : इसीलिए, उसके बारे में अभी क्या सोचना। आज तो सिर्फ़ कॉल सेलिब्रेट करें। इसीलिए आपके पास आया हूँ। अगर सिलेक्ट हो गया तो नहीं माँगूँगा लेकिन आज तो चाय पिलाइए ही।

ईश्वरभाई : *(शिकायती लहजे में)* तुम भी हद करते हो...

महीपति : मैं नहीं हालात कराते हैं यही कह लीजिए। क्योंकि चाय पीते-पीते मैं आपसे इण्टरव्यू के लिए जाने का यात्रा ख़र्च भी माँगने वाला हूँ।

ईश्वरभाई : *(शॉक्ड)* क्या?

महीपति : वैसा नहीं सिर्फ़ उधार, क़र्ज़ के तौर पर। अपनी पहली तनख्वाह से मैं उसे वापस करूँगा। पक्का। मेरे पास इण्टरव्यू में जाने के लिए पैसे नहीं हैं और अगर इण्टरव्यू में ही नहीं गया तो सिलेक्शन नहीं होगा, सिलेक्ट नहीं हुआ तो पहला वेतन नहीं मिलेगा... ये चलेगा आपको। महाराष्ट्र की पिछड़ी जातियों का विकास होना चाहिए। ये बात आप हमेशा कहते हैं।

ईश्वरभाई : ग़लती हो गयी *(जेब से पैसे निकालते हुए)* बस इतने ही हैं बाकी और किसी दूसरे से माँगो।

महीपति : और चाय?

ईश्वरभाई : जाओ जाओ, तुम पियो जाकर, उसका ख़र्च मुझ पर मत लादो।

[ईश्वरभाई अन्दर चले जाते हैं।]

महीपति : *(दर्शकों से)* वैसे सेविंग बैंक खाते में कम-से-कम जितने रखने होते हैं उतने थे मेरे पास। खाता बन्द करके वो पैसे निकाल लिए और मालिक की दुआ से मा बदौलत इण्टरव्यू के लिए आ पहुँचे।

(महीपति विंग में जाकर पानी पीता है और 'उम्मीद' भरा कोई फ़िल्मी गीत बजता है। जैसे—मामा च्या गावा ला जाऊ या)

[बीच में ही गीत अस्पष्ट-सा सुनायी देने लगता है।]

(दर्शकों से) लेकिन हाँ, एक बात बताना तो रह ही गयी। इण्टरव्यू की ज़बरदस्त तैयारी मैंने की थी। मुफ़्त यानी निःशुल्क वाचनालय में बैठकर। पिछले छह महीने के रोज़ के अख़बार धैर्यपूर्वक पढ़े थे। सामान्य ज्ञान की एक किताब एक बुक डिपो से यूँ ही उठा लाया था उसे दो बार पढ़ डाला था और उसे वापस वहीं रख आया था। इसके अलावा ईश्वरभाई की पाक्षिक पत्रिका की फाइलें उलट-पलट कर महाराष्ट्र की, भारत की, सामाजिक, आर्थिक, राजनीतिक, सांस्कृतिक, नैतिक आदि बातों को भी जान लिया था। इसके अलावा फ़िल्मों के नाम, अभिनेताओं के नाम, लेखकों के नाम, मन्त्रियों के नाम और विभाग आदि के बारे में भी जानकारी जमा की थी, पता नहीं क्या ज़रूरत पड़ जाये। यह भी कहीं पढ़ा-सुना था कि अब के प्रोफ़ेसर वैल ड्रेस्ड सूट-बूट में रहते हैं, थोड़ा देखा भी था इसलिए यह भी तय किया था कि इस मामले में भी पीछे नहीं रहना है।

[लॉण्ड्रीवाला आकर बीड़ी पीता बैठा है।]

लॉण्ड्रीवाला : अब नहीं लूँगा आपके कपड़े महीपति, वापस ले जाओ। सिर्फ़ प्रेस भी नहीं करूँगा, पिछला काफ़ी बकाया है।

महीपति : प्रेस के लिए कपड़े डालने ही नहीं हैं।

लॉण्ड्रीवाला : फिर? क्यूँ आये?

महीपति : गुडबाय करने।

लॉण्ड्रीवाला : (*एक लम्बा कश खींचते हुए*) आप सुसाइड-बुसाइड करने चले हो क्या महीपति। हमारे बकाया बिल का क्या होगा। पहले वो चुकाओ, फिर करो जो करना है।

महीपति : कहाँ से दूँ। नौकरी के इण्टरव्यू में जाने के लिए ढंग के कपड़े भी नहीं हैं, नौकरी नहीं मिली तो बिल कहाँ से चुकाऊँगा। अब गाँव जाके रहूँगा।

लॉण्ड्रीवाला : जान देने का इरादा नहीं है न?

महीपति : नहीं।

लॉण्ड्रीवाला : ठीक है, ठीक है, मुझे लगा मरने का इरादा है।

महीपति : इरादा बुरा नहीं हैं, लेकिन पूरा करना आना चाहिए न?

लॉण्ड्रीवाला : इण्टरव्यू है?

महीपति : (*कॉल लेटर दिखाते हुए*) ये देखो, इण्टरव्यू कॉल आया है।

लॉण्ड्रीवाला : (*उलट पुलट कर देखता है वापस करते हुए*) क्या साब बण्डलबाजी तो नहीं कर रहे हैं न?

महीपति : नहीं, सच मैं गाँव जा रहा हूँ। घर के छह लोगों में मेरे अकेले का बोझ महसूस नहीं होगा। प्रोफ़ेसर की नौकरी के लिए जाना है, तो ढंग के कपड़े तो होने चाहिए न। अच्छे कपड़े नहीं होंगे तो इण्टरव्यू में इम्प्रेशन कैसे पड़ेगा।

लॉण्ड्रीवाला : (*लम्बा कश खींचकर*) कम-से-कम कपड़ा वापस तो करेगा न साब?

महीपति : कपड़े?

लॉण्ड्रीवाला : हम आपको कपड़े वापरने के लिए देता है। लेकिन काम होते ही वापस करने होंगे। नहीं तो साला हमारा ही गला काटेगा। बिल भी जायेगा और ग्राहक के कपड़े का पैसा भी भरना पड़ेगा।

महीपति : वो नौबत नहीं आयेगी। चाहो तो, अपने दो कपड़े हम गिरवी रख देते हैं। प्रेस करके तुम अपने पास ही रख लो। एम.ए. का सर्टिफिकेट ही रख दिया होता, लेकिन इण्टरव्यू में उसकी ज़रूरत पड़ेगी।

लॉण्ड्रीवाला : रहने दो। *(उठकर विंग से कुछ लाता है।)* देखो इन्हें, तुम्हारे नाप के जो हों उन्हें प्रेस कर देता हूँ।

[महीपति दो एक साफ और जरा कीमती कपड़े पहनकर देखता है।]

महीपति : पैण्ट ज़रा ढीली है, और अगर हो तो एक टाई भी चाहिए।

[लॉण्ड्रीवाला एक रंग-बिरंगी टाई लाकर देता है, अन्दर जाता है, महीपति टाई बाँधता है। कुछ अलग और अजीब दिखने लगता है। ईश्वरभाई कड़वा मुँह बनाये आते हैं और उसे एक ब्रीफ़केस दे जाते हैं।]

महीपति : हाँ तो इस तरह सुसज्जित होकर मैं इण्टरव्यू में जा पहुँचा। रेडी फॉर अटैक। इधर-उधर से बटोरा हुआ ज्ञान, लॉण्ड्रीवाले से उधार लिए कपड़े, ईश्वरभाई की आदर्शवादी ब्रीफ़केस और मेरे अपने ही पुराने पैच लगे पॉलिश मारे हुए जूते।

[एक फटे कपड़े पहने देहाती आदमी उसकी ओर मुड़-मुड़कर देखते हुए गुज़रता है।]

बस-स्टैण्ड पर उतरते ही मुझे ऐसा महसूस होने लगा कि हर कोई मेरी ओर ही देख रहा है। बचपन में, गाँव में जब सर्कस आती तो सब जैसे उस प्रचार वाले हाथी या ऊँट की ओर मुड़-मुड़कर देखते थे, उसकी याद मुझे हो आयी, उनके पीछे बाल गोपाल भी वैसे ही। फ़र्क़, बस इतना कि मुझे पूँछ नहीं थी पर शायद वो भी थी डिग्री की पुछल्ली!

[एक ओर कुछ देहाती अपने असली लिबास में क़तार में पान तम्बाखू खाते, कुछ बतियाते बैठे हैं।]

इण्टरव्यू जाहिर है कॉलेज में ही था, इसलिए पूछते-पाछते चला। *(आये हुए एक देहाती से—काय हो, कॉलेज का रास्ता कौन-सा है?)*

देहाती : कॉलेज यानी क्या? हाँ हाँ पुराने तबेले की ओर जाना है?

महीपति : मुझे अफ़सोस हो रहा था कि इन बेचारों को अभी तक कॉलेज और तबेले का फ़र्क़ नहीं पता, तभी मुझे पता चला कि पुराने यानी पहले के तबेले में ही अभी का ये कॉलेज है। बीच में आँगन और इर्द-गिर्द कच्ची बैरकों वाला ये तबेला सहकारी डेयरी का था। सहकारी डेयरी के लिए नयी

आधुनिक बिल्डिंग बनायी गयी थी और ये पुराना तबेला कॉलेज के लिए दिया गया था। बाहर बोर्ड लटक रहा था। कैलाशवासी मातुश्री गयाबाई सुताराम मुंडाशे कला और विज्ञान महाविद्यालय। कॉलेज अभी बन्द ही था। वेकेशन वग़ैरह चल रही थी। तो दूसरी जगह कुछ ऑफ़िस जैसा दिखा वहाँ मैं घुसा और नाक दबाकर उल्टे पैरों लौटा। इस कदर बदबू थी वहाँ और शायद सुनहरे अतीत की याद और निशानी के रूप में एक डीलडौल वाला भैंसा वहाँ बँधा था। यानी वो दफ़्तर तो नहीं ही था। उस भैंसे को भी मेरा वहाँ अनाधिकार प्रवेश, शायद अच्छा नहीं लगा या शायद मेरी लाल टाई को देखकर वो भैंसा महाशय भड़के, पता नहीं। लेकिन मुझे ऐसा लगता है कि अगर मेरे बारे में कॉलेज के संचालक मण्डल ने उस भैंसे की सलाह ली होती तो वो कहता, इसे नौकरी पर हरगिज़ न रखें, पहले निकाल बाहर करो। इसमें कोई सन्देह नहीं। बताने की बात ये है कि वो भैंसा कोई साधारण भैंसा नहीं था बल्कि चेयरमैन साहब का अपना भैंसा था, ये मुझे बाद में पता चला। उनकी हवेली की मरम्मत जारी थी इसलिए अध्यक्षीय भैंसे के अस्थायी निवास की व्यवस्था कॉलेज की लैब में की गयी थी।

एक आदमी : (*पीछे से*) ऐ बाबू? क्या चाहिए।

महीपति : (*हड़बड़ाकर*) ऐं क्या... क्या–कुछ नहीं, कुछ भी तो नहीं।

दूसरा : अभी-अभी शहर से आ रहे हो, लगता है।

तीसरा : (*दूसरे को देखते हुए*) यही होगा सर, वैसा ही दिख रहा है।

पहला : नौकरी के इण्टरव्यू के लिए आये हो क्या?

महीपति : हाँ, हाँ, वही, मैं वही हूँ।

(सबको अपनी तरफ़ एकटक घूरते देखकर, जैसे याद करके झुककर नमस्ते)

पहला : बैठो।

[महीपति एक कुर्सी पर बैठना चाहता है, तभी ये देखकर।]

नहीं, नहीं, वहाँ मत बैठो, बाहर बैठो अभी कमेटी आनी है, कमेटी आने पर बुलायेंगे समझे न?

दूसरा : *(तीसरे से)* हैं भेनचो, यहीं बैठ रहा था, जाओ बैठो बाहर।

[फिर से एक बार विनम्रता से नमस्कार कर महीपति बाहर आकर खड़ा होता है।]

महीपति : कहा ज़रूर कि बैठो, लेकिन बाहर बैठने के लिए सिवाय ज़मीन के कुछ था नहीं और लॉण्ड्रीवाले की पैण्ट का ध्यान कर गोबर लिपी ज़मीन पर बैठना हितकर नहीं था। इसलिए खड़ा ही रहा। वैसे भी क्लास में पढ़ाने की दृष्टि से खड़े रहने की आदत डालनी ही थी। बाद में पता चला कि मैंने जिन्हें झुककर नमस्कार किया था वे सब मैनेजिंग कमेटी के छुटभैये मेम्बर थे। संस्था के महत्त्वपूर्ण लोग तो अभी आने थे वे इत्मीनान से आये।

[दो व्यक्ति आते हैं एक सीना ताने दूसरा अपने में लीन झुका-झुका सा, आगे वाला कोट धोती में देहाती नेता टाइप। पीछे वाला चश्मा पहने थोड़ा गंजा-सा, पेट की तरफ़ से झुका हुआ। उनके आते ही बैठे हुए खड़े हो जाते हैं। इनमें से सीना फुलाये चलने वाला संस्था का चेयरमैन और दूसरा प्राचार्य।]

चेयरमैन : *(मूँछों पर ताव देते हुए)* बैठिए, बैठिए। *(खुद बैठकर टेबल पर रखे काग़ज़ उलटते-पलटते हुए)* आज का एजेण्डा क्या है मास्टर?

प्राचार्य : एक इण्टरव्यू है, मराठी के प्राध्यापक की जगह भरनी थी। शहर से एक कैण्डीडेट आने वाला था, शायद आ गया हो।

दो, तीन : हाँ, हाँ, आया है न, होगा यहीं-कहीं बाहर।

चेयरमैन : *(समझते हुए)* वही तो नहीं जिसने कमर की उतार के गले में बाँध ली है *(खुद ज़ोर से हँसता है)* क्या कहते हैं उसको टाई। हाँ खड़ा तो था। तो फिर निपटाइए जल्दी। आगे हमें क्रैडिट बैंक की मीटिंग में भी जाना है। मास्टर जी अपना कोई है क्या इस पोस्ट के लिए।

प्राचार्य : हमने सबसे पूछ लिया है, अपना कोई नहीं।

चेयरमैन : बला टली, हमने कहा एकाध तो रहने दो इस कॉलेज में बिना सिफ़ारिश का टट्टू आख़िर विद्या का मन्दिर है, भैंचो, ज़रा तो पवित्रता रहे। क्यो मास्टर?

प्राचार्य : हाँ, हाँ, ठीक कहा आपने।

चेयरमैन : कितना पढ़ा है ये लँगोटिया?

प्राचार्य : एम.ए. है थर्ड क्लास।

चेयरमैन : फर्स्ट डिवीजन वाला मइयो का, यहाँ क्यूँ आता नौकरी ढूँढ़ते? थर्ड क्लास तो थर्ड क्लास ही सही, बहरा, गूँगा, अन्धा, पगलेट तो नहीं है न? रख लो तुरन्त, क्या हनुमान सेठ? वैसे भी अपने बच्चे कहाँ पढ़ते-लिखते हैं ऊपर की क्लास में जाने से मतलब।

हनुमान सेठ : आप जैसा कहें।

चेयरमैन : दस्तख़त के लिए भेज देना काग़ज़ बँगले पर, अब और क्या है एजेण्डे में?

प्राचार्य : वो उसका इण्टरव्यू—बिना इण्टरव्यू ज़रा ठीक नहीं होगा। ले लें तो अच्छा...।

चेयरमैन : हम भैंचो कौन लगते हैं पूछने वाले? एँ? क्या सर्जेराव? क्या पूछेंगे हम?

सर्जेराव : लेकिन कह रहे हैं मास्टर जी तो...

हनुमान सेठ : हाँ, तो हो जाने दो फिर।

चेयरमैन : ठीक है, बुलाओ।

महीपति : *(दर्शकों से)* ये सब उनके बीच का संवाद, इतनी ऊँची आवाज़ में था कि मुझे भी सुनायी दे रहा था। बुलावा आते ही कुल देवता का स्मरण किया और अन्दर गया।

[बैठे हुए लोगों को मुस्कुराते हुए झुक कर नमस्कार करता है।]

चेयरमैन : क्या नाम है तुम्हारा?

महीपति : एम.बी. पोरपारणेकर, सर।

चेयरमैन : क्या? पोरपारणेकर *(ठहाका लगाकर हँसता है सब हँसते हैं)* ऐसा मास्टर नहीं चाहिए अपने कॉलेज में। क्या नाम है कहता है चोरपारणेकर।

महीपति : *(थोड़ा मुस्कराते हुए)* पोरपारणेकर नाम का गाँव है, पोरपारणे और चोरपारणे दो हैं, मैं पोरपारणेकर।

चेयरमैन : अच्छा ऐसा है, तो फिर ठीक है, ये हमारे बड़े मास्साब हैं।

प्राचार्य : प्राचार्य।

चेयरमैन : हाँ प्राचार्य, कॉलेज के हेडमास्टर।

[महीपति झुककर नमस्कार करता है।]

इनका भी नाम कुछ वैसा ही है, तेरे जैसा, लेकिन अब हमें आदत हो गयी है मास्टर ज़रा पानी लाना, जल हो जाये।

[प्राचार्य पानी लाकर देते हैं।]

दूसरा : (*महीपति से*) कौन जाति हो आप!

महीपति : जायकवार (*इतना बताना काफ़ी नहीं—सोचकर*) वैसे हम लोग क्षत्रिय हैं हमारे पूर्वज होलकर की फ़ौज में अफ़सर थे। महाराज ने जब युद्ध में लूट मचायी, जौहर दिखाये तो हमारे पूर्वजों ने बड़ा पराक्रम किया था।

चेयरमैन : वाह! वाह! और आप क्या जौहर दिखाओगे हमारे कॉलेज में? (*जोर से हँसता है*) हमारे कॉलेज को लूटना नहीं बस, इतना ही। क्या सर्जेराव?

सर्जेराव : (*खोखली हँसी ताली बजाकर*) होः होः होः हाः

चेयरमैन : हमारा इण्टरव्यू ख़त्म, भैंचो क्या पूछना है घण्टा? मुद्दे के एक दो सवाल पूछ लिए। बस हुआ। हनुमान सेठ आप भी कुछ पूछिए। पूछिए अगर पूछना है।

हनुमान सेठ : (*प्रयत्नपूर्वक*) नाम? हाँ वो तो हो गया है। फिर गाँव? हाँ वो भी हो गया। पोरपारणे। अब जाति के बारे में एक सवाल पूछना था। लेकिन वो भी चेयरमैन साहब ने शायद पूछ लिया है। (*चेयरमैन साहब से*) सब कुछ तो पूछ लिया है (*हाँ, याद करते हुए*) एक सवाल रह गया है, बच्चे कितने हैं तुम्हारे? (*सर्जेराव*) परिवार नियोजन का बरस कौन-सा है।

महीपति : एक भी नहीं।

चेयरमैन : बढ़िया, शाब्बाश।

हनुमान सेठ : (*सन्देहपूर्वक*) अभी एकाध सवाल रह गया है। (*याद करके*) हाँ, खाद कितने किस्म की होती है।

चेयरमैन : हनुमान सेठ

हनुमान सेठ : नईं, वो क्या है चेयरमैन साब कि आख़िर हमारे बच्चे गाँव के हैं मास्टर को इतना...

प्राचार्य : प्रोफ़ेसर कहिए, प्रोफ़ेसर।

हनुमान सेठ : प्रोफ़ेसर को खेती का थोड़ा तो आइडिया होना चाहिए न?

चेयरमैन : क्या हनुमान सेठ—अपने बच्चे कॉलेज पढ़ के क्या खेत में खटने वाले हैं हल को हाथ लगाने के लिए भी तैयार नहीं होंगे। दूसरा कुछ पूछो। उन्हें मराठी भाषा पढ़ानी है। समझे।

हनुमान सेठ : वो तो पढ़ायेंगे ही, हमारा कहाँ कुछ कहना है। आपने कहा तो कर दिये दो सवाल। सर्जेराव—पूछिए, अब आप भी कुछ पूछिए। अब आपका नम्बर है।

सर्जेशन : (*गला साफ़ करते हुए*) ए मास्साब आपने वो छप्पन छुरी की लावणी देखी है क्या।

चेयरमैन : ठीक है आपने पूछा अब इनका क्या?

सर्जेराव : बताता हूँ, पूछ रहा हूँ इस सवाल का जवाब देने दो, दूसरा सवाल तैयार ही है।

चेयरमैन : बोलो मास्साब, पोरपारणेकर, देखी है? दो सवाल का जवाब।

महीपति : हाँ देखी है, मगर उसको देखे कई साल हो गये...

सर्जेराव : ओल रैट—उस लावणी में एक चौबोला था उसका पहला अक्षर था घोड़ा और आखरी अक्षर था राजा। तो बोलो उसके बोल बोलो (*चेयरमैन से*)—ये है पॉइण्ट, इसे पकड़ना आसान नहीं होगा।

महीपति : बात यह है कि लावणी वैसे तो शृंगारिक साहित्य है और अगर हम राष्ट्र का यानी नौजवानों का कल्याण चाहते हैं राष्ट्र को ज्वलन्त रखना चाहते हैं तो हमें स्फूर्तिदायक ज्वलन्त राष्ट्रीय साहित्य की निर्मिति करनी होगी। उदाहरण के लिए पोवाड़ा आल्हा वग़ैरह। यदि आप अनुमति दें तो मैं एक उत्साहवर्धक वीर काव्य का नमूना प्रस्तुत कर सकता हूँ। वह अद्‌भुत है।

चेयरमैन : सुनाइए, सुनाइए।

सर्जेराव : हम तो छप्पन छुरी की लावणी...

चेयरमैन : सर्जेराव मास्टर ठीक कहता है, क्या हेडमास्साब?

प्राचार्य : जी बिल्कुल। प्राचार्य, हेडमास्साब नहीं।

चेयरमैन : अरे, मास्साब, आप समझो आसान चीज़ों के लिए कठिन शब्द क्यों चाहिए। पोरपारणे मास्साब सुनाओ सुनाओ अच्छे से।

महीपति : *(अपनी ब्रीफ़केस पर ताल देते हुए एक वीर काव्य प्रस्तुत करता है)*

जिनके कबन्ध ने ही,
चटा दी तीन सौ को धूल
उन वीरों को हम
कैसे जायें भूल
ऽ... ऽ... ऽ... ऽ...

(*बाकी आप चाहें तो फिर कभी सुना सकता हूँ।*)

चेयरमैन : सब्बास, क्या हेडमास्साब (*खी-खी कर हँसते हुए*) आप भी हाथ धोलो बहती गंगा में कुछ पूछ लो।

प्राचार्य : (नर्वस) नहीं, कुछ नहीं पूछना आप सब ने तो पूछ ही लिया है (*महीपति से ज़रा बेचैन होकर*) अब आप जा सकते हैं। निर्णय आपको सूचित किया जायेगा।

चेयरमैन : अब और क्या निर्णय रह गया है, दूसरा कोई है भी, मइयो का।

प्राचार्य : ठीक है...आप जा सकते हैं।

महीपति : *(झुककर सबको अभिवादन करते हुए)* अच्छा तो, आभार, थैंक यू, शुक्रिया।

[तीनों उठकर जाते हैं चेयरमैन स्टेज पर बैठे हैं।]

(दर्शकों से) इण्टरव्यू हो गया, संस्था के अध्यक्ष ने, "दूसरा और कौन है भइयो का आया भी तो नहीं।" ये कहकर उचित सूचना तो दे ही दी थी। फिर भी मन में सन्देह था। वो हेडमास्टर उर्फ़ प्राचार्य कुछ गड़बड़ भी तो कर सकता है, दूसरे दो लोगों को मेरा वीरकाव्य कैसा लगा होगा? स्कूल में याद किया हुआ काम आ गया। वरना उस छप्पन छुरी ने वो चाल चली थी कि चारों खाने चित ही होता। बच गया। सोचा पहले खूँटा गाड़कर अच्छी तरह हिलाकर देख लूँ, उसके बाद ही शहर वापस जाऊँ। संस्था के चेयरमैन को, शाम को उनके घर जा घेरा *(उनके नज़दीक सरककर)* ज़रा नियुक्ति—वो एपॉइण्टमेण्ट का पक्का पता चल जाता तो...

चेयरमैन (*नशे में स्वर लड़खड़ाते हुए*) क्या मास्साब, रख लिया आपको, रख लिया, पत्थर की लकीर समझो यहाँ हम जो करें सो क़ायदा...

महीपति : थैंक यू...

चेयरमैन : आप वापस मत जाओ अब, यहीं रहो, सारा इन्तज़ाम हो जायेगा। पियोगे?

महीपति : क्या (*जल्दी से*) नहीं-नहीं।

चेयरमैन : थोड़ी-सी।

महीपति : बिल्कुल नहीं। पी ली है सुबह ही। नहीं-नहीं दोपहर में। अहाँ—शाम को, नहीं-नहीं यानी मैं पीता नहीं हूँ।

चेयरमैन : हम ठहरे समाजवादी। सब के साथ बैठते हैं। एक-दूजे को साथ ले, दोनों चले सुपन्थ। देखो आप भी चलो थोड़ा सुपन्थ। पियो थोड़ी।

महीपति : नहीं-नहीं।

चेयरमैन : पियो, थोड़ी पियो।

महीपति : नहीं जी, हाँ ऐसा करता हूँ कि ये खाली बोतल रख लेता हूँ अच्छी है।

चेयरमैन : अच्छा तो, ले जाओ, आपको रक्खा हमने मास्साब, रख लिया। वो हेडमास्टर की चिन्ता मत करो वैसे थोड़ा चालाक चलता पुरजा है वो। लेकिन हमें उससे कोई परेशानी नहीं। जाओ आप। रख लिया आपको।

महीपति : वैसे अगर एपॉइण्टमेण्ट लेटर...

चेयरमैन : लैटर गया गधी की...में। हमने भैंचो कह दिया हमारी बात काफ़ी नहीं तुम्हारे लिए। वो लिखित-विखित कुछ नहीं चलता यहाँ।

महीपति : ठीक है, ठीक है।

चेयरमैन : रहो यहाँ नई तो जाओ ऐसी-तैसी में, ज़बान दी, रख लिया है आपको, पक्का। कौन मइयों का अपने को अपोज़ करता है। उस मा (*रुककर*) जाओ जाओ, राम-राम।

[खुद उठकर अन्दर जाता है।]

महीपति : इस तरह नौकरी का जुगाड़ तो कर लिया। वो भी प्रोफ़ेसर की। लेक्चरर की नहीं। प्रोफ़ेसर। पहले ही झटके में। स्टार्टिंग

ही चमकदार। नये जॉब को कन्धे पर लटकाये शहर वापस आया। लॉण्ड्री वाले के कपड़े और ईश्वरभाई की ब्रीफ़केस भी वापस करनी थी।

[ईश्वरभाई अपनी दाढ़ी बनाते हुए आकर बैठ जाते हैं।]

ईश्वरभाई : ई-इस्स, लग गया साला ब्लेड (*उस्तरा*) कट गया। कौन? महीपति क्या भाई, क्या हुआ इण्टरव्यू का?

महीपति : ये लीजिए डफली (*ब्रीफ़केस सौंपता है*)

ईश्वरभाई : क्या?

महीपति : डफली, बजाने वाली।

ईश्वरभाई : ठीक तो हो न?

महीपति : आपके ब्रीफ़केस और वीरकाव्य की वजह से।

ईश्वरभाई : वीरकाव्य?

महीपति : जी हाँ, वही वो अपना धन्य-धन्य सरदार।

ईश्वरभाई : क्या हुआ तुम्हारा, रिजेक्ट हो गये क्या? अरे ये सब तो चलता रहता है हिम्मते मरदाँ...

महीपति : रिजेक्ट नहीं हुआ, सिलेक्ट हुआ हूँ सिलेक्ट। नॉट एज ए सिम्पल लेक्चरर। द प्रोफ़ेसर।

ईश्वरभाई : प्रोफ़ेसर (*ऑ...*)

महीपति : यस, उन्होंने कहा नौटंकी के बारे में पहला शब्द घोड़ा, आख़िरी का राजा, मैं उन्हें होशियारी से वीरकाव्य तक ले गया। गाकर सुनाया आपकी कसम। आपके ब्रीफ़केस को डफली बनाकर, ताल देते हुए। चेयरमैन ख़ुश–बोले–रख लिया।

ईश्वरभाई : रख लिया कहा?

महीपति : हाँ जी, कीजिए शेविंग पूरी ईश्वरभाई।

ईश्वरभाई : तुम्हारे हाथ में कुछ लिखित दिया है। एपॉइण्टमेण्ट वग़ैरह। अगर नहीं तो वो अपनी बात घुमा भी सकते हैं। समझे।

महीपति : नहीं।

ईश्वरभाई : मैं बता रहा हूँ तुम्हें।

महीपति : आप तो बाबा आदम के जमाने से बता रहे हैं ईश्वरभाई। लेकिन आज मैं आपको बताता हूँ। मैं, प्राध्यापक, लेक्चरर नहीं, हेड ऑफ़ द मराठी डिपार्टमेण्ट, कैलाशवासी मातुश्री

गयाबाई सुताराम मुंडाशे कला और विज्ञान महाविद्यालय में प्रोफ़ेसर बन गया हूँ।

ईश्वरभाई : कोई सबूत—

महीपति : सबसे बड़ा सबूत ये है कि इण्टरव्यू के लिये दूसरा कोई कैण्डीडेट था ही नहीं, हम अकेले थे। दूसरा सबूत ये कि संस्था के चैयरमैन साहब ने कहा—कि अब वापस क्यों जाते हो, यहीं रहो। बहुत प्यार से आग्रह कर रहे थे और तीसरा सबूत ये ईश्वरभाई कि उन्होंने मुझे ये ऑफ़र की, ये (*बोतल दिखाते हुए*)

ईश्वरभाई : (*बोतल देखते हुए*) क्या, तुमने पी?

महीपति : नहीं, लेकिन बतौर सबूत आपके लिए लाया हूँ।

ईश्वरभाई : (*तरस खाते हुए*) ऑ... छी छी छी ये क्या महीपति? तुम यहाँ के आदर्शवादी संस्कारों में पले-बढ़े और...

महीपति : इसीलिए तो शराब न पीकर खाली बोतल लाया। ईश्वरभाई, आज तो मैं बिन पिये ही नशे में हूँ।

ईश्वरभाई : ज़्यादा घमण्ड मत करो महीपति, घमण्डी का घर पाताल...

महीपति : आप अपनी दाढ़ी पूरी करो, हम चलते हैं।

ईश्वरभाई : और ये बोतल यहाँ से जाते हुए अपनी जेब में रखो।

महीपति : (*हाथ की बोतल को वहीं रखते हुए*) ये आपके लिए सादर सप्रेम भेंट। महीपति की ओर...नहीं सॉरी—प्रोफ़ेसर एम. बी. पोरपारणेकर की ओर से सस्नेह। बाय-बाय।

[शॉक्ड - ईश्वरभाई बोतल उठाकर अन्दर जाते हैं।]

(*दर्शकों से*) तो साहब मैं प्रोफ़ेसर बन ही गया।

[पृष्ठभूमि में क्लास के छात्रों के कटआउट क़तार में उभरते हैं।]

लॉण्ड्री वाले के कपड़े साभार वापस किये और उसे भी ये शुभ समाचार दिया।

महीपति : उसे अपने लिए बड़ा अफ़सोस हुआ कहने लगा, 'आज की तरह कॉलेज होते तो क्या पता साला अपन भी पढ़-लिखकर प्रोफ़ेसर हो गये होते'। लेकिन फिर उसने हमारा अभिनन्दन किया। उसे ये भरोसा देकर कि पहली तनख्वाह मिलते ही पैसे लौटाऊँगा, कुछ पैसे उधार ले लिये और बाज़ार से

दो नये कपड़े ख़रीदे। लॉण्ड्री वाले ने कहा, 'टाई, बाद में लौटाओगे तब भी चलेगा दरअसल टाई उस लॉण्ड्री वाले की ही थी। वैसे भी धुले कपड़े बाँधने के ही काम आती है ये टाई आजकल। तुम करो इस्तेमाल महीपति। अपॉइण्टमेण्ट लैटर आया तो ईश्वरभाई को भी दिखाया। वे भावुक हो गये। आँखें पोंछते हुए बोले, 'अच्छा हुआ। आख़िरकार तुम्हें प्रोफ़ेसर बना ही दिया। लेकिन महीपति घमण्ड मत करना। अध्यापन एक कठोर व्रत है हर किसी के लिए इसका पालन सम्भव नहीं। पदवी मिलने पर पढ़ाने का अधिकार नहीं मिल जाता। आदमी विद्वान नहीं हो जाता। सँभल के रहो।' उनसे विदा लेते समय मेरा मन भी ज़रा भारी हो आया। आदत जो पड़ गयी थी। घर पर सूचना दी। हिदायत मिली—हर महीने बिना भूले कुछ न कुछ घर भेजते रहना। अगली सहालग में ब्याह का विचार करना। थोड़ा लिखा बहुत जानना आदि शुभकामना भी मिली। मकान मालिक को भी सूचना दी। उनकी तो जैसे बाँछें खिल गयीं, मैं कमरा छोड़कर जो जा रहा था। बोले—शुभस्य शीघ्रम्। इस तरह गा-बजाकर धूमधाम से महीपति बभ्रुवाहन पोरपारणेकर शहर छोड़कर उनकी पहली प्राध्यापकीय नियुक्ति पर जा पहुँचे।

[विंग में जाकर पानी पीता है। तब तक पुलिस बैण्ड बजता राहत है विद्यार्थी आकर बैठते हैं।]

(कपड़ों पर हाथ फेरकर गला साफ़ करते हुए और टाई को ठीक करते हुए) प्राध्यापक—यानी पैदाइशी ज्ञानी *(जानकार)* व्यक्तित्व, प्रौढ़, गम्भीर, प्रतिष्ठित रुबाबदार, विद्वता के बोझ तले थोड़ा झुका हुआ, थोड़ा रूखा-सा, आत्मकेन्द्रित, भुलक्कड़। कुल मिलाकर एक आदरणीय व्यक्तित्व और लगातार एक अलग धूसर अन्तराल में तैरता हुआ। अगर थोड़ी चाँद निकल आयी हो तो और अच्छा लेकिन यदि गंजापन न हो तो कम-से-कम मोटे फ्रेम का चश्मा हो और मुख्य रूप से भाषा विशुद्ध प्राध्यापकीय और एक अलग दुनिया की। उसका रियाज़ भी उसने कर लिया था।

[भाषा का एक लम्बा और क्लिष्ट अनुच्छेद सहजता से बोलकर दिखाता है ।]

लेकिन ये बात बाद में पहले दिन जब उसने एन्ट्री ली तो–

एक लड़का : ए टिकट कलेक्टर!

दूसरा लड़का : असरानी।

तीसरा लड़का : मुझको माफ़ करना यारों मैं नशे में हूँ।

[हँसी, प्रो. महीपति पोरपारणेकर के ऊपर कोई चीज़ तीव्रगति से आकर गिरती है ।]

चौथा लड़का : (*जनानी आवाज़ में*) ए चुप भी रहो (*हँसी*)।

महीपति : (*धीर-गम्भीर स्वर में*) सायलेन्स।

चौथा लड़का : (*ज़नानी आवाज़ में ही*) मैंने कहा न चुप रहो। (*हँसी*)

महीपति : दैट्स ऑल फ़ॉर द टाइम बीइंग। (*दर्शकों से*) देहाती लड़के धुआँधार अंग्रेज़ी बोलने वाले से निश्चित ही ज़रा दबकर, डरकर रहेंगे, यही सोचकर ऐसे कुछ चुनिन्दा सैन्टैन्स मैंने ज़ेहन में रख छोड़े थे। (*छात्रों से*) टाइम फ़ॉर वर्क नाऊ।

एक लड़का : (मुँह में उँगली डाल सीटी बजाते हुए) चिड़ी का गुल्टू।

[तेज़ शोरगुल]

दूसरा लड़का : गुलबिया जान लगता है।

चौथा लड़का : *(ज़नानी आवाज़ में)* ए चुप, निगोड़े! दुपट्टा न खींच मेरा। (*हँसी*)

अरे, रहने दे न। आज तो मैं होंठ सिलवा के आयी हूँ।

(*आवाज़ें, हँसी, तालियाँ और एक अश्लील आवाज़*)

महीपति : ऑल राइट नाऊ आइ विल गिव ओनली वन मिनिट फ़ॉर सेलिब्रेशन एण्ड देन वी स्टार्ट वर्क।

[छात्र एक, फिर दूसरा, फिर तीसरा मिलकर कोरस गाने लगते हैं, जय-जय सन्तोषी माता... साथ ही तालियाँ, बैंच, सीटियाँ और सन्तोषी माता के पोज़ में एक लड़का खड़ा हो जाता है ।]

महीपति : मिनिट इज़ ओवर, नाऊ टू वर्क।

[कोरस गाना चालू ही है ज़रा अस्पष्ट स्वर में ।]

सूट-बूट और अंग्रेज़ी का इस्तेमाल आजकल ग्रामीण इलाकों में भी अपेक्षित भय निर्मित नहीं करता, ये तो समझ में आ गया।

[इस बीच कोरस फिर ज़ोर से शुरू होता है।]

अब क्या इसी सोच में पाँच एक मिनट और चले गये और उतने में वो कोरस गीत भी ख़त्म हुआ। तत्काल मैंने अपना दूसरा हथियार लड़कों पर फेंक मारा। (*प्राध्यापकीय भाषा के दुरूह परिच्छेद एक के बाद एक, एक ही साँस में बोलने लगता है*) (*थोड़ा रुक कर*) शुरू में लड़के हक्के-बक्के होकर थोड़ी देर के लिए शान्त हो गये। उसकी ओर चकित होकर देखने लगे।

(*परिच्छेद कहता जाता है*) अचानक एक दीर्घ स्वर।

[एक लड़का पोज़ लेकर गिर जाता है।]

एक लड़का : (*खड़े होकर*) सर-सर, ये देखिए बबना पवार को मिर्गी आयी है। अरे ज़रा जूता लाना, जूता!

दूसरा लड़का : प्याज लाओ, प्याज!

तीसरा लड़का : प्याज भाई प्याज।

[गड़बड़ मची है।]

महीपति : मैंने देखा तो सचमुच एक लड़का नीचे गिरा हुआ था उसे होश में लाने के लिए मैंने भी कुछ मार्गदर्शकात्मक कोशिश शुरू की।

[साभिनय दिखाता है।]

चौथा लड़का : सर बबन्या मर गया।

दूसरा लड़का : अरे! नब्ज़ ही नहीं मिल रही।

तीसरा लड़का : साँस ही नहीं ले रहा मास्साब!

महीपति : मैं भी ज़रा घबराया। यानी नौकरी के पहले ही दिन...

एक लड़का : ए, बबन के बाप को बुलाओ।

दूसरा लड़का : डॉक्टर को बुलाओ, डाक्टर को।

तीसरा लड़का : सर बबन्या को चाहे जब आती...

सब लड़के : गज़ब हो गया मास्साब, बबना मर गया।

महीपति : (*दर्शकों से*) मेरी साँस ऊपर की ऊपर, नीचे की नीचे, फिर भी धैर्यपूर्वक उस बबना नाम की औंधी पड़ी देह को ठीक से देखा, उसकी साँस नहीं चल रही थी। बाप रे बाप! शायद मर गया।

[लड़के बबन्या को उठाकर ले जाने लगते हैं।]

लड़के : *(रुआँसे स्वर में)* राम बोलो राम; राम नाम सत्य है...

[बबन्या को ले जाते वक़्त वह एकदम से उठकर बैठ जाता है और हाथ हिलाने लगता है।]

बबन्या : अबे ओ, कहाँ ले जा रहे हो छोड़ो मुझे।

[लड़के भूत-भूत कर दूर भाग जाते हैं बबन्या ज़मीन पर पड़ा है, अब वो ठीक से खड़ा हो जाता है।]

बबन्या : भैंनके मुझे ज़िन्दा जलाने चले थे।

[बबन्या अब एक फ़िल्मी गीत पर महमूद स्टाइल का डांस करते हुए गाने लगता है। लड़के भी साथ देकर हौसला बढ़ाते हैं।]

महीपति : अब मैं हँसू की रोऊँ, यही समझ नहीं आ रहा था। बबन्या पवार बड़ा चालाक, एकदम नम्बरी। मुझे बहुत गुस्सा आ रहा था खोपड़ी आउट होना चाह रही थी। इतनी महत्वाकांक्षा से हासिल की हुई प्रोफ़ेसर की पदवी का यूँ सत्यानाश; वरदान के रूप में मिली हुई इस नौकरी का पहले ही दिन इतना हास्यास्पद अन्त। इतनी बेहतर तैयारी करने के बाद भी ऐसी बचकानी हार। क्या फिर से बेरोज़गारी। हट साला। *(चिल्लाकर)* बबना ऽ ऽ।

सब लड़के अचानक ख़ामोश हो गये, बबन्या कमर पर हाथ रखे महमूद स्टाइल में खड़ा। कूल्हे मटकाता है। *(दबी-दबी हँसी)*

महीपति : बबन्या भड़वे साले, तेरी माँ...इधर आ।

[बबन्या को यह नहीं समझ आता कि इसे सीरियसली ले या लाइटली। लड़के दम साधे देख रहे हैं।]

महीपति : इधर आ पहले। *(कोट उतार कर फेंक देता है, टाई निकाल देता है, शर्ट की बाँहें चढ़ाता है)* असल बाप का बेटा है तो सामने आ, आ इधर!

[बबन्या थोड़ा चकराता है, फिर कुछ सोचकर पोज़ बनाकर खड़ा हो जाता है।]

महीपति : *(दर्शकों से)* मेरी टाँगे ज़रा काँप रही थीं, लेकिन अब पीछे हटना बेकार था। *(बबना से)* अब नाच, मटका कमर! *(बबन्या तय नहीं कर पा रहा कि क्या करे। अगर नाचे तो*

पता नहीं क्या अंजाम हो और न नाचे तो लड़कों के सामने बेइज़्ज़ती।)

बबन्या : (*गुर्राकर*) हाँ नाचेंगे, हमें कौन रोकेगा।

महीपति : (*दर्शकों से*) बाद में मालूम चला कि बबन्या सरपंच का लड़का है। इसी दम पर वह हर साल निर्विरोध जिमखाना का सेक्रेटरी और स्टूडेण्ट्स यूनियन का सेक्रेटरी चुन लिया जाता है। उस वक़्त ये नहीं पता था और नहीं पता था यही अच्छा था। (*चिल्लाकर*) अबे भड़वे नाच, हिम्मत है तो नाच अब।

बबन्या : (*गुर्राते हुए*) क्या करोगे?

महीपति : वो हम देखेंगे। साले। कॉलेज को मज़ाक समझता है। दिखाता हूँ तुझे अभी। (*चिल्लाकर*) चल नाच।

बबन्या : हिम्मत करके एक स्टैप उठाता है और थोड़ा हिचकता है। (*स्टाइल में*) हमारा मन होगा तब नाचेंगे। किसी की ज़बर्दस्ती है क्या?

महीपति : ए भैंचो, नामरद साला। अब तेरी हिम्मत नहीं है नाचने की।

बबन्या : चिढ़ाओ मत। खोपड़ी गरम है अपनी।

महीपति : पौने आठ है साले तू। मैं कुछ बोल नहीं रहा था तो मस्ती छाँट रहा था। अब तो तू नाचेगा, नाच! (*दर्शकों से*) पाँव मेरे इस कदर थरथरा रहे थे कि लगा ख़ुद ही नाचने लगूँगा किसी भी क्षण, लेकिन अब कोई तरीक़ा नहीं था इससे बचने का।

बबन्या : (*लड़कों से गुर्राकर*) ए, चलो नाचो सब।

[लड़के चुपचाप खड़े हैं।]

धत्त तेरे की। मइय्यो के साले—सब के सब डरपोक। (*इज़्ज़त दाँव पर लगी होने से बबन्या नाच का एक पोज़ बनाता है लेकिन नाचता नहीं।)*

ये देखो नाचा, अब कौन हमें हाथ लगाता है, देखता हूँ। नाचेंगे हम।

महीपति : (*दर्शकों से*) नाचने का ढोंग करके अब बबन्या पवार अपना सवाल मुझ पर ढकेल रहा था। मुझे चुनौती देकर ख़ुद बचना चाह रहा था।

बबन्या : लो नाचे हम, अब क्या करोगे।

महीपति : (*दर्शकों से*) अब क्या करूँ? बबन्या का हट्टा-कट्टा शरीर मुस्टंडे की तरह सामने खड़ा चुनौती दे रहा था। अगर चुनौती स्वीकार न करता तो अफ़वाहें फैलती और प्रोफ़ेसरी भी जाती रहती। अब मैं फँस गया था। बच के निकलने का कोई रास्ता नहीं था।

महीपति : (*आगे बढ़कर एक तमाचा रसीद कर देता है। बबना और लड़के सुन्न हैं।*) महीपति अपनी हथेली पीछे छुपाकर सहलाता है। सोचता है कि अगर किसी भी क्षण बबना का चौड़े हाथ वाला रैपटा कनपटी पर पड़ा तो मैं तो पानी भी नहीं माँग सकूँगा। पल गिन रहा था।

[बबन्या अचानक वहाँ से चला जाता है। लड़के आश्चर्य से देखते हैं।]

गया बबन्या, एकदम गायब, दूर तक कहीं पता नहीं। जय हो ईश्वरभाई के चेले की (*चिल्लाकर*) और किसी में है हिम्मत तो आये सामने। हो ही जाने दो। हो जाये निपटारा। (*सब चुप हैं*)

जाओ, सब, अपनी-अपनी सीट पर बैठ जाओ और पढ़ाई शुरू करो चुपचाप। चलो जाओ।

[सब लड़के अपने-अपने स्थान पर बैठ जाते हैं, मोटरसाइकिल की दूर होती आवाज़ सुनायी देती है।]

इतने में घण्टी बज गयी, वरना आफ़त थी। प्राध्यापकीय, धीर-गम्भीर, रुबाबदार व्यक्तित्व को जल्दी थी वहाँ जाने की (*टॉयलेट जाने की*) मैंने जंग जीत ली। पहला दाँव तो जीत ही लिया। मैं मन-ही-मन अपनी पीठ थपथपा रहा था। यह भी समझ लिया था कि यहाँ अदबी शहरी प्राध्यापकीय भाषा का कोई काम नहीं। साला, भड़वा मइयों के जैसे शब्द ही सारा अर्थ समझाने की ताक़त रखते हैं। यही यहाँ की साहित्यिक भाषा है। उस पर भी तमाचा, रैपटा जड़ा तो हज़ार शब्दों से ज़्यादा का काम करेगा, लेकिन यह भी उतना ही सच है कि इस हथियार का इस्तेमाल बहुत सोच-समझकर करना होगा। वरना उसकी भी धार जाती रहेगी।

महीपति : (*दर्शकों से*) संक्षेप में यह कि अगर प्रोफ़ेसरी टिकाये रखनी है तो यहाँ अपनी सारी समझ और मान्यता नये सिरे से परख लेनी होगी। यहाँ प्रोफ़ेसर ताड़ जैसे हट्टे-कट्टे, ऊँचे-पूरे, पहलवान से लड़कों का गुरुजन वग़ैरह नहीं बन सकता उलटे उनसे दुगना ताक़तवर कप्तान बनकर टिक सकता है। उन्हीं का दोस्त जैसा बनकर। यहाँ के दाढ़ी-मूँछें निकले लड़कों को पढ़ाने की कोशिश करना बेमानी है। वो पढ़ने के लिए कॉलेज नहीं आते हैं। वो कॉलेज इसलिए आते हैं कि उनका बाप मालदार है, पैसे वाला है। कॉलेज के वातावरण में चार साल मौज-मस्ती करने के लिए ही वे आते हैं या कहें कि भेजे जाते हैं। ऐसा है तो ऐसा ही सही। उस रात मैंने अब तक सीने से लगाकर रखी तमाम ग़लतफ़हमियों, भ्रान्तियों को खटमल की तरह ढूँढ़-ढूँढ़ कर मसल दिया। ज्ञान, अध्ययन, विद्वता सब व्यर्थ है। प्राध्यापक के लिए भी पेट—यही सबसे बड़ा सवाल है और प्रोफ़ेसर की पोस्ट के लिए विद्वता की कोई शर्त या ज़रूरत नहीं है। प्राध्यापक यानी कॉलेज के प्यून या क्लर्क की नौकरी करने वाला, बिना इस नाम के। बढ़िया, अपना काम आसान हो गया। आख़िर अपन भी साले हैं तो देहाती मिट्टी के ही बने न?

[ये कहते हुए महीपति सूट टाई वग़ैरह उतार देता है और असली देहाती पहनावा कुर्ता-पायजामा पहनता है। जेब से पुड़िया निकालकर तम्बाकू घिसता है, और मुँह खोल गाल में दबाता है। दो एक बार पीक पच्च से थूकता है। तब तक उसके क्लास के लड़के आ पहुँचते हैं और ये सब देखकर हडबड़ाए हुए हैं ।]

एक लड़का : (*आश्चर्य से*) बहन का...।

दूसरा लड़का : कौन? गबरू झबरू (*जीभ दाँतों तले*) मास्टर साहब, आप?

तीसरा लड़का : आज तो आप एकदम डिफरेन्ट लग रहे हैं।

चौथा लड़का : (*आदर से देखते हुए*) हमने तो पहचाना ही नहीं होता। काय?

पहला लड़का : सर और इस भेस में! (*आश्चर्य से*)

महीपति : अरे कैसा हल्का-हल्का लगता है भैंचो इस ड्रेस में। ए सालुंके निकाल कुछ बीड़ी-सिगरेट हो तो।

(सालुंके—लड़का नं. 1 आश्चर्य और ख़ुशी का भाव एक साथ है—सिगरेट देता है। लड़का नं. 2 सुलगाता है और महीपति कश खींचता है। खींचो तुम भी खींचो उसमें किस बात की शरम। संकोच नहीं, खींचो।)

[पहले तो लड़के सकुचाते हैं लेकिन बाद में खुलकर सिगरेट के कश लगाने लगते हैं।]

महीपति : बबन्या कहाँ गया? कहाँ है गुरु। और क्यों रे सालुंके तू उस छिपकली पर लाइन मार रहा था। लड़ाओ इश्क़, चलने दो। निशाना लगाते रहो। एक दिन लग जायेगा ठिकाने पर।

लड़का 1 : (*शर्माया-सा मगर थ्रिल्ड*) लड़की साली हैगी चूज़ा।

[लड़के मुँह बाए देखते हैं।]

महीपति : (*आँख मारकर*) क्यों भइये, क्या हम कुछ नहीं जानते? *(लड़कों का अभी भी आश्चर्य की मुद्रा में रहना।)*

महीपति : (*दो उँगलियाँ मुँह में डालकर सीटी बजाता है*) सुनो, सुनो, अपने क्लास की एक ट्रिप जायेगी। ठीक?

(लड़के ख़ुशी से नाच उठते हैं महीपति अन्दर जाता है। मोटरसाइकिल की पास आती आवाज़ और फिर रुकने का स्वर) बबन्या पवार झूमता-झामता आता है।

बबन्या : (*गुर्राकर*) काहे बे! कहीं दिखा क्या वो झबरू। भैंचो, दिखे तो एक बार पीस के धर दें साले को।

पहला लड़का : ए बबन्या छोड़ न!

बबन्या : छोड़ दें। भड़वे ने भरी क्लास में हमें तमाचा मारा है। मेरा? बबना पवार का अपमान! इन्सल्ट।

दूसरा लड़का : लेकिन अपना मास्टर है न?

बबन्या : तो, तो क्या सारी लौंडियों के सामने तमाचा मारेगा? भैंचो अगर ओखली में डाल के कूटा नहीं साले को तो सरपंच की औलाद नहीं कहना। (*मूछें ऐंठता है*) चलो देखें तो भैंचो कहा दुबका है, ढूँढ़ते हैं उसे।

तीसरा लड़का : मैं तो नहीं आता।

बबन्या : क्या नहीं आयेगा?

दूसरा लड़का : वैसे मास्टर भला आदमी है।

बबन्या : (*आश्चर्य से*) भला आदमी! तुम सब हमारी गैंग के मेम्बर हो के उसे भला आदमी कहते हो।

पहला लड़का : हमें तो वो पसन्द है।

तीसरा लड़का : अपने में से ही एक लगता है।

दूसरा लड़का : कुछ डिफरेन्स ही नहीं लगता।

बबन्या : (*चिल्लाकर*) बस। क्या हो गया है भैंचो तुम लोगों को। मेरे अपमान का बदला नहीं लोगे तुम लोग?

सब (एक साथ) : नहीं।

[बबना एकदम शॉक्ड चकित]

बबन्या : नहीं (*कुढ़कर*) ठीक है, ठीक कह रहे हो।

पहला लड़का : ए बबन्या, अगर तुमने उसको छुआ भी तो हम देखते हैं फिर।

दूसरा लड़का : हमें तुम्हारे ख़िलाफ़ एक्शन लेना पड़ेगा।

तीसरा लड़का : बताये देते हैं, भूसा कर देंगे भूसा।

दूसरा लड़का : ओखली में डाल के कूटे बग़ैर नहीं मानेंगे।

[बबन्या आश्चर्य से सर खुजलाता है। महीपति आता है।]

महीपति : (*बबना को देखकर पहले हिचकता है, फिर सँभलकर*) कौन...बबना? क्यों भई! क्या हाल है?
(*बबना गुस्से से सिर्फ़ देखता है महीपति पोरपारणेकर को, महीपति थोड़ा ज़्यादा ही नर्वस होता है। फिर बबन्या अपना हाथ आगे बढ़ाता है।*) महीपति इसका अर्थ नहीं समझ पाता, फिर बबना का बढ़ाया हुआ हाथ अपने हाथ में (*कुछ डरे-डरे भाव से*) लेता है। बबन्या शेकहैण्ड करता है ज़ोर से, महीपति अपना हाथ छुड़ाता है और सहलाता है।

महीपति : (*हाथ सहलाकर*) चलो ट्रिप पर जाना है।

[सभी लड़के खुशी से ताली बजाते हैं। लडकियाँ भी आकर शामिल होती हैं और फिर ट्रिप का माहौल, उत्साह, गाना, नाचना ढोलक का थाप, महीपति इसमें शामिल होता है। महीपति एक तरफ़ अकेला ही प्रकृति का सौन्दर्य देखते बैठा है। पार्श्व में ढोलक की थाप पर गानों का अस्पष्ट स्वर चालू है।]

पहला लड़का : क्या मास्साब...(*बगल में बैठते हुए*) अकेले ही बैठे हैं यहाँ?

महीपति : हाँ? नहीं, कुछ नहीं। प्रकृति का सौन्दर्य देख रहा था। (*भाव भरे स्वर में*) पुलक प्रकट करती है धरती हरित तृणों की नोंकों से...सुन्दर-सुन्दर मखमली गलीचे में...

दूसरा लड़का : हम भी कहें।

महीपति : क्या हम भी?

तीसरा लड़का : वही, प्रकृति सौन्दर्य।

चौथा लड़का : क्या कहा—कहते भी नहीं बनता क्या प्रकृति सौन्दर्य...

[गिलास, बोतल छुपाकर चारों लड़के और बबन्या एक-दूसरे को इशारा करते हैं। अपने मास्साब के सामने कैसे पियें? बबना संकेतों में कहता है कि तो क्या हुआ? उनसे क्या डरना। चलो, भरो गिलास लेकिन दूसरे लड़के सुकचाते हैं।]

बबन्या : (*महीपति की ओर सरकते हुए*) क्या मास्साब, प्यास-व्यास नहीं लगी क्या?

महीपति : नहीं तो। तुम्हें लगी है क्या?

बबन्या : लगी तो है, आप भी पियो न?

[दूसरे लड़के उसे इशारा कर रहे हैं।]

महीपति : क्या?

बबन्या : यही और दूसरा क्या?

महीपति : (*देखकर*) क्या? ओह, तुम लोग शराब पी रहे हो?

बबन्या : पीते हैं कभी-कभी। कॉलेज के पीछे ही तो शराब की भट्टी है।

महीपति : कॉलेज के पीछे?

बबन्या : ये तो कुछ भी नहीं। पहले तो अपनी ही मुतारी, पेशाबघर में बनती थी।

महीपति : दारू की भट्टी?

बबन्या : और नहीं तो क्या? आपको क्या पता, आप तो अभी कल-परसों में ही आये हो न। हम इस कॉलेज में चार बरस से हैं। दो साल से 'वन्समोर' ले रहे हैं। लीजिए पकड़िए, पकड़िए भी, मर्द हैं न आप?

[भरा हुआ गिलास ज़बर्दस्ती महीपति के हाथ में देता है।]

बबन्या : कीजिए शुरू *(अन्य लड़कों से)* पियो रे...

महीपति : लेकिन...शराब (*हिचकिचाते हुए*)

बबन्या : धत् तेरे की, दारू पीने से घबराते हो क्या मास्साब?

महीपति : घबराना कैसा? लेकिन...

बबन्या : तो फिर पियो। (*दूसरों से*) ए, मास्साब को ज़्यादा मत देना। (*महीपति* से) आपको जितनी जँचे उतनी ही लेना मास्साब। (*खुद बड़ा-सा घूँट लेता है फिर कहता है साली स्ट्राँग नहीं है*)

महीपति : (*दर्शकों से*) मेरे दिमाग़ का बल्ब जल उठा। मुझे समझ में आ रहा था कि बबन्या पवार ने हमें, अपनी नयी जुगलबन्दी में खींच लिया है।)

महीपति : यहाँ भी हम पीछे नहीं हट सकते। और बबना भी यही चाहता है। उसकी टोली में, मेरे बारे में जो आदर पैदा हो चुका है, उसे बबन्या ख़त्म करना चाहता है। राजा महीपति, सावधान! रात बबना की है। एक बडा-सा घूँट लेने का अभिनय करते हुए धत्त साला, ये तो एकदम पानी है। *(चारों लड़के सकते में)*

बबन्या : (*दूसरा घूँट लेते हुए*) भैंचो, कोई मजा ही नहीं।

महीपति : (*दूसरे घूँट का अभिनय करते हुए*) ठीक है, तुम लौंडों के लिए ठीक है।

बबन्या : *(घूँट लेते हुए)* सरबत है सरबत!

[चारों लड़के आश्चर्य से देख रहे हैं।]

बबन्या : (*घूँट लेने का एक्शन करते हुए*) खाँसी की दवा साली। सिर्फ़ गले को गुदगुदा रही है, बस।

[बबन्या और चारों लड़के महीपति के गिलास की ओर सन्देह भरी नज़र से देखते हैं।]

बबन्या : क्या सर, अभी तो कुछ पी ही नहीं आपने।

महीपति : (*चतुराई से गिलास पीछे की ओर करके थोड़ी दारू गिरा देता है*) बबन्या तुमसे ज़्यादा पी है हमने (*उसके गिलास के बगल में अपना गिलास पकड़ते हुए।*) देखो (*दूसरे लड़कों से*) देखो सब।

बबन्या : *(ज़िद के साथ एक घूँट में अपना गिलास खाली करते हुए)* अब! अब बोलो।

महीपति : *(ये देखकर थोड़ा नर्वस होता है लेकिन अपने को सँभालते हुए)* उसमें क्या है ऐसे तो साला कोई भी पीकर दिखा सकता है। कछुआ और खरगोश की कहानी जैसी है बबन्या की कहानी। खरगोश ने पहले ज़ोरदार दौड़ लगायी, वो दौड़ लगायी कि कछुआ महाराज बहुत पीछे रह गये, लेकिन अन्त में जीता कौन?

चारों लड़के : कछुआ *(सबका पीना जारी है)*।

बबन्या : *(तैश के साथ गिलास खाली करते हुए)* उड़ेलो बे। देखता हूँ कौन जमा रहता है।

महीपति : *(अपना गिलास बगल में पूरा उड़ेल देता है और फिर खाली गिलास आगे करते हुए)* देखते हैं, ढालो।

[लड़के दोनों के गिलास भरते हैं। साथ ही खुद भी पी रहे हैं।]

बबन्या : *(बड़ा-सा घूँट लेते हुए)* हम हार जायें तो अपने बाप की औलाद नहीं।

महीपति : ज़रा सँभल के बबन्या। नहीं तो महँगा पड़ेगा, फाँस लग जायेगी। *(नया घूँट लेने का अभिनय करता है)* बच्चे हो अभी।

बबन्या : अरे जा बे झबरू, पोरपाड़विच्चा *(अब इसे चढ़ गयी है)* किसके आगे तू टैं-टैं कर रहा है। चल खाली कर गिलास। ये देख, अपना तो खाली हो गया। *(गिलास गले में उड़ेलता है और खाँसता है। हिचकी आती है।)*

महीपति : *(अपना गिलास पहले की तरह बगल में गिरा देता है और फिर आगे करता है)* हमारा तो पहले ही खाली हो चुका है। *(शराब पिये लड़कों के चेहरे पर बेहद आश्चर्य के भाव)* दो पानी दो बबन्या को! फाँस लग गयी है गले में देखो।

पहला लड़का : पियो, पानी पियो बबन्या।

दूसरा लड़का : बच्चे हो अभी।

तीसरा लड़का : बच्चे हो बच्चे (*सब के सब झूम रहे हैं, धुत्त हैं*)

(चौथा लड़का कुछ परेशान है, ज़रा-सा उठकर नीचे देखता है, फिर बैठ जाता है) ऐसा करते हुए तीसरे लड़के से सट जाता है।

तीसरा लड़का : क्या बे? क्या हुआ?

चौथा लड़का : कुछ नहीं *(लेकिन नर्वस है)*

बबन्या : ए, गिलास भरो।

महीपति : हाँ भरो उसकी माँ का...भैंचो!

[लड़के दोनों का गिलास भरते हैं चौथा लड़का सरकते हुए तीसरे से इतना सट जाता है कि वो गिरने को होता है।]

तीसरा लड़का : *(झुँझलाकर चौथे लड़के से)* अरे यार, ये क्या कर रहा है?

चौथा लड़का : कुछ भी तो नहीं।

बबन्या : *(गिलास मुँह से लगाता है)* बम भोले।

तीसरा लड़का : *(चौथे लड़के से)* अबे मेरी गोद में बैठेगा क्या? सरक थोड़ा उधर।

चौथा लड़का : *(नर्वस है)* नहीं।

तीसरा लड़का : नहीं, अरे हटो, सरको पहले। *(धकेलते हुए)*

चौथा लड़का : *(सरकने के बजाय)* गीली है।

तीसरा लड़का : क्या? क्या गीली है?

चौथा लड़का : *(ज़मीन की तरफ़ उँगली दिखाकर)* ज़मीन।

तीसरा लड़का : ज़मीन?

महीपति : *(बबन्या का जोश देखकर उसे बढ़ावा देते हुए ज़ोर से)* जय भोले की।

[गिलास बगल में उड़ेलकर लगे हाथ मुँह से लगाकर खाली करने का अभिनय करता है।]

1,2,3,4 लड़के : *(जोश भरते हुए)* भले-भले/शाबास-शाबास।

चौथा लड़का : *(कराहते हुए)* हो गयी।

तीसरा लड़का : क्या, क्या हो गयी?

चौथा लड़का : *(अपनी पैण्ट आगे-पीछे छूकर और नर्वस होकर)* कुछ नहीं हमें खुद समझ में नहीं आ रहा है क्या हो रहा है।

[हड़बड़ाकर उठकर विंग में भाग जाता है।]

1,2,3,4 लड़के : *(देखते हुए)* अरे यार। *(हँसी से लोटपोट)* अबे छुटके ने

पतलून गीली कर दी साले ने। *(एक-दूसरे को ताली ठोंकते, हँसते)*

[बबन्या धुत्त है, झूम रहा है।]

महीपति : *(दर्शकों से)* छुटका अपनी गीली पैण्ट के लिए ज़िम्मेदार नहीं था। मैंने जो शराब ढुलकाई थी उसका ही नतीजा था कि छुटका गीला हो आया था। लेकिन फ़िक्र की कोई बात नहीं।

(खाली गिलास बबन्या के आगे रखते हुए) बबन्या साले भड़वे, रख गिलास, भर भैंचो।

[बबन्या अब दूसरी ही दुनिया में है, एक हिचकी आती है और उलटा लेट जाता है।]

1,2,3 लड़के : *(लड़खड़ाती आवाज़ में)* बबन्या आउट। डण्डा गोल।

महीपति : *(जैसे देवता चढ़ गये हों एकदम खड़े होकर, भाषण देने के अन्दाज़ में)*—विद्यार्थी मित्रो!

1,2,3 लड़के : *(झूमते झामते देखते हैं मुँह बाए)*

महीपति : *(दर्शकों से)* किक तो अपने को भी लगी थी, आँखों के आगे ईश्वरभाई चमक रहे थे। परमपूज्य दादा भाई, पूज्यनीय फफे गुरु जी, श्रीसन्त बोडकेगावकर महाराज, एक से एक बढ़कर दीप्यमान सितारों की शृंखला जैसे खोपड़ी के शून्य में विचरण कर रही थी। संस्कार और सोया आत्मविश्वास दोनों सजग हो खड़े हो गये थे। जय बजरंग, जय भारत। जय ईश्वरभाई और जय मैं *(तैश के साथ व्याख्यान शुरू कर देता है)*। "आज का नौजवान और नैतिक मूल्य" विषय पर।

[भाषण जारी है और 1,2,3 नं. के विद्यार्थी भी बबन्या की हालत में पहुँच गये हैं औंधे लेटे हैं। महीपति का भाषण जारी है दम फूल रहा है और ब्लैक आउट, एक निस्तब्धता।]

[स्पॉट की तेज रोशनी में एक लड़की खड़ी है, गुड़िया की तरह।]

महीपति : ट्रिप ने बड़े गुल खिलाये। जाहिर है उसके बाद प्राचार्य के पास असन्तुष्ट प्राध्यापकों ने शिकायतें भी कीं। लेकिन सरपंच

की औलाद साक्षात् बबन्या पवार के सामने ये तथाकथित प्राचार्य क्या कर सकते थे? क्या उखाड़ सकते थे? मामला दबा दिया गया और इतना ही नहीं अपना दबदबा भी कॉलेज में हो गया। धाक जम गयी। (*एक लड़की को देखकर*) अब ये कौन है जो मेरी आँखों में तैर रही है। कौन है, कहाँ से आयी, और कहाँ चली गयी? उसकी वजह से प्राध्यापक पोरपारणेकर उर्फ़ मैं यानी मेरी नारी पात्र रहित ज़िन्दगी में कैसी-कैसी उथल-पुथल हुई। ये जानने के लिए, देवियों और सज्जनों दूसरे अंक की प्रतीक्षा कीजिए।

[अँधेरा, ट्रिप में गाये गये गीत, तालियाँ और जोश भरे, शोरगुल के साथ, पार्श्व में जारी है परदा गिरता है।]

अंक : 2

[परदा उठता है कॉलेज के कुछ प्रोफ़ेसर स्टाफ रूम में आकर बैठते हैं। एक प्रोफ़ेसर पैर पसारकर ऊँघना शुरू कर देता है। महीपति प्रवेश करता है, पैण्ट, टाई और कमीज़ पहने है।]

पहला प्रो. : *(होंठ चबाते हुए दूसरे प्रोफ़ेसर से)* आ गया चिड़ी का इक्का।

दूसरा प्रो. : *(ये हिन्दी पढ़ाते हैं)* बबन्या के साथ कल रात भी तमाशा का खेल जमा होगा। (महीपति से) आइए। पोरपारणेकर जी आइए। आपको सूचना मिली या नहीं?

महीपति : सूचना? कैसी सूचना। हमें तो नहीं मिली।

पहला प्रो. : अरे, आपको नहीं मिली।

महीपति : क्या?

दूसरा प्रो. : *(पहले प्रोफेसर से)* लो इनको तो कुछ पता ही नहीं।

महीपति : किस बात की ख़बर, कौन मर गया?

पहला प्रो. : कोई मरा नहीं है, टट्टू आ रहा है।

महीपति : टट्टू?

दूसरा प्रो. : हाँ टट्टू *(भेद भरी हँसी)*

महीपति : कैसा टट्टू?

पहला प्रो. : सिफ़ारिश का मियाँ।

महीपति : किसकी सिफ़ारिश?

दूसरा प्रो. : टट्टू की और किसकी *(पहले प्रोफ़ेसर से हाथ मिलाता है)*

पहला प्रो. : बहुत पहुँच वाली सिफ़ारिश है।

महीपति : आने दो न।

तीसरा प्रो. : आने दो! *(ज़ोर से हँसता है)*

महीपति : इसमें हँसने की क्या बात है?

चौथा प्रो. : *(ये अंग्रेज़ी पढ़ाते हैं, बदन पर पुराने किस्म का सूट है रंग उड़ा हुआ)* नथिंग *(ज़ोर से हँसता है)*! आने दा–ही सेज़, आने दो *(कन्धे उचकाता है)*

पहला प्रो. : गंगू चला बाज़ार न छोड़ो, जाने दो (*स्वर में गुनगुनाते हुए, पुस्तक पर थाप देते हुए*) हूँ।

दूसरा प्रो. : पोरपारणेकर भाई, ज़रा बच के रहना।

महीपति : है क्या जो बचूँ, क्या मतलब सँभल के रहना है।

तीसरा प्रो. : है न बात, बहुत हाईलेवल की सिफ़ारिश है। टट्टू आ रहा है।

महीपति : तो आने दो न। लेकिन ऊपर के लेवल से का क्या मतलब?

चौथा प्रो. : फ्रॉम चेयरमैन ऑफ़ अवर सोसाइटी।

दूसरा प्रो. : आप जूनियर मोस्ट हैं, पोरपारणेकर जी भूलियेगा नहीं।

तीसरा प्रो. : ऊपर से टेम्परेरी हैं।

पहला प्रो. : अगर टट्टू ने झाड़ी दुलत्ती तो सीधे आसमान दिखायी देगा।

तीसरा प्रो. : वैसे भी कॉलेज घाटे में चल रहा है इस बात की चर्चा मैनेजिंग कमेटी में उठती रहती है।

चौथा प्रो. : सैलरी भी डोंट गेट इन टाइम।

पहला प्रो. : जायेंगे बारह के भाव से।

चौथा प्रो. : बी केयरफुल। आय एम गिविंग यू एडवायस।

[महीपति भर्रा उठता है, दर्शकों की ओर आता है।]

महीपति : ख़तरे की घण्टी, नौकरी पर गाज गिरने की आशंका। फिर से बेरोज़गारी। मुश्किल से बसाया आशियाना फिर बिखरने को है। बैक टू ईश्वरभाई। अपनी तो खिसक रही थी। एक बार सोचा कि बबना के मार्फ़त उसके सरपंच बाप का दबाव डलवाया जाये। फिर सोचा पहले ही ये पत्ता खेलना ठीक नहीं होगा। फिर दूसरा क्या किया जाये? फिर तय किया कि पहले देखें तो कौन टट्टू आ रहा है, फिर देखेंगे साले को। हमने भी कोई मरी माँ का दूध नहीं पिया *(ताल ठोंककर)* हो जाये–स्साला।

[पीछे खड़े सारे प्रोफ़ेसर एक स्वर में–हो जाये, हो जाये।]

स्वर गान जारी रखते हैं तभी एक नाजुक गुड़िया जैसी लड़की आकर खाली कुर्सी पर बैठ जाती है। एक किताब में अपना

सिर घुसाये है। सिर पर पल्लू है। किसी ओर नहीं देखती। अब प्राध्यापकों का गाना बन्द है। सब तरफ़ सन्नाटा। सारे प्राध्यापक एकदम फ्रीज़ पोज़ीशन में। एक प्रोफ़ेसर मुँह में उँगली डालकर सीटी बजाने की मुद्रा में, वैसे ही जड़ खड़ा है। सब आँखें फाड़े देख रहे हैं—अब महीपति अब मुड़कर उसकी ओर देखता है।

महीपति : कौन? यही है वो सिफ़ारिशी टट्टू। ये तो टटूवानी है। *(थूक निगलता है)* हमारी नौकरी पर ये बला आयी है। *(पहले प्रो. से धीरे से)* कौन है ये?

पहला प्रो. : यही है वो।

महीपति : वो यानी, कौन?

दूसरा प्रो. : अरे भाई, वही टट्टू।

महीपति : लेकिन कौन?

तीसरा प्रो. : भतीजी है भतीजी (*धीरे से*)

महीपति : लेकिन किसकी भतीजी?

चौथा प्रो. : चेयरमैन साहब की।

दूसरा प्रो. : नलिनी शिंदे।

[महीपति अपना लॉकर खोलकर किताबें और उत्तर-पुस्तिकाओं का गट्ठा निकालता है। इस बीच शेष प्रोफ़ेसर अपनी-अपनी जगह पर सेंट्रल टेबल के पास बैठ जाते हैं।]

दूसरा प्रो. : *(महीपति से ऊँची आवाज़ में)* पोरपारणेकर। वह *(नलिनी शिंदे)* चौंककर ऊपर देखती है। फिर तत्काल सिर का पल्लू सँभाल किताब में सिर छुपा लेती है। आइए भाई, चाय तो पीते हैं।

पहला प्रो. : भाई आज तो तुम्हीं पिलाओ।

तीसरा प्रो. : हम सिर्फ़ चाय ही तो माँगते हैं यार।

चौथा प्रो. : *(तीसरे को आँख मारते हुए)* लकी फेलो।

महीपति : *(टेबल की ओर आते हुए नर्वस आवाज़ में)* क्या हुआ?

तीसरा प्रो. : और क्या होना था। हो गया सब। रात अँधेरी। क्यों?,

पहला प्रो. : बिल्कुल। *(पीरियड की घण्टी बजती है)* बजा दी घण्टी। *(सब प्रोफ़ेसर महीपति और नालिनी शिंदे की ओर घूर-घूर

कर देखते हुए) किताबें, चॉक लेकर पढ़ाने क्लास के लिए निकलते हैं। महीपति और नलिनी ही रह जाते हैं। नलिनी सिर पर पल्लू किये है। आँख सामने खुली किताब पर। महीपति अगले पीरियड की तैयारी में, बनावटी रूप से।

नलिनी : *(एकाएक)* पल्लू की आड़ में—सर।

महीपति : *(चौंककर देखता है)* हाँ?

[नलिनी फिर किताब में सिर छुपाये है—महीपति वहम समझकर फिर अपने काम में जुट जाता है।]

नलिनी : *(गला साफ़ करते हुए)* नलिनी।

महीपति : (*सर उठाकर*) है न, है वो रहा उधर मटके में, भर के...

नलिनी : नहीं, पानी नहीं, नलिनी, मैं नलिनी शिंदे।

महीपति : अच्छा-अच्छा मुझे लगा...

नलिनी : आज से मैंने ज्वाइन किया है।

महीपति : बहुत अच्छा।

नलिनी : दाजीबा बोले हैं आपको रिपोर्ट करूँ।

महीपति : दाजीबा, कौन दाजीबा?

नलिनी : अरे, अपने प्राचार्य जी! हम उन्हें घर में दाजीबा कहते हैं। अक्सर हमारे घर आते हैं।

महीपति : लेकिन मुझे किसलिए रिपोर्ट करने को कहा।

नलिनी : आप मराठी के हेड हैं न! मैं आपके अण्डर में लेक्चरर का काम करूँगी।

महीपति : मेरे अण्डर में? *(दर्शकों से)* ये हुई न धोबी पछाड़? यानी इसे धीरे से जमा के हमारा पत्ता साफ़ और उसकी तैयारी भी हमें ही करानी है।

हमें अपनी क़ब्र खुद खोदनी है। अरे दा जी, स्साले नीच। *(नलिनी से)* ठीक है कोई बात नहीं।

[थोड़ी देर सन्नाटा।]

नलिनी : फिर सर, अब मुझे क्या करना है?

महीपति : वो ऐसा है कि, मुझे दाज्या ने...सॉरी, प्राचार्य जी ने कुछ नहीं बताया है इस सम्बन्ध में। उनसे बात किये बग़ैर मैं भी आपको क्या बता सकता हूँ। ठीक है न?

नलिनी : ठीक है फिर मैं रुकूँ या जाऊँ।

महीपति : ये मैं कैसे कहूँ कि आप रुकें या जायें।

नलिनी : नहीं वो क्या है, मैं और मेरी सहेली फ़िल्म के लिए जाने वाले थे।

महीपति : आप ही तय करें।

नलिनी : कल कितने बजे आना है।

महीपति : अपनी सुविधा से आइए।

नलिनी : अच्छा। *(तेजी से पल्लू सँभालते हुए अपना पर्स और मराठी डिटेक्टिव उपन्यास उठाये बाहर निकल जाती है)*

महीपति : *(उसे जाते देखते हुए)* तो यह है मेरी कॉम्पटीटर। इसी से सामना है। आस्तीन का साँप। मुँह में राम बगल में छुरी। साला देख लेंगे।

[उठकर जाता है, रास्ते में जाते हुए प्राचार्य से, लगभग टकरा जाता है।]

प्राचार्य : *(विद्यार्थी समझकर)* अरे, ज़रा देखकर चला करो। *(देखकर)* कौन? अरे पोरपारणेकर हो। कैसी है, असिस्टेंट?

महीपति : कौन असिस्टेंट, सर?

प्राचार्य : आज हमारी नली ने रिपोर्ट की होगी न आपको?

महीपति : नली?

प्राचार्य : अरे वो लेक्चरर है। आज ही नियुक्त किया है। आपके ही डिपार्टमेण्ट में।

महीपति : *(अचानक ध्यान आया दिखाते हुए)* अच्छा-अच्छा। मुझे लगा कि वो बी.ए. की कोई स्टूडेण्ट है।

प्राचार्य : लेकिन मैंने उसे बताया था कि आपको रिपोर्ट करे।

महीपति : ऐसी बातें लिखित देना बेहतर होता है। नहीं क्या? वो फ़िल्म देखने गयी हैं। कहा कि सहेली के साथ फ़िल्म देखने जाना तय है।

प्राचार्य : सिनेमा की बड़ी शौक़ीन है हमारी नलू। लेकिन बीच-बीच में उससे काम भी करा लीजियेगा। ज़रा सँभाल लीजियेगा। क्या है अभी बच्ची है हमारी नलू।

महीपति : हाँ-हाँ, सही कहा आपने।

प्राचार्य : *(विशेष अन्दाज़ में)* चेयरमैन साहब की भतीजी है वह।

महीपति : ओ हो, वाह-वाह फिर क्या कहना, छोटी चेयरमैन ही कहिए। सँभालना ही चाहिए।

प्राचार्य : क्या बात कही आपने। चलें तो फिर *(जाते हैं)*।

महीपति : मैं उसे सँभाल लूँ और उचित अवसर देखकर, सँभालकर मुझे आप यहाँ से चलता कर दें। (*चक्कर मारता है*) छात्रों के बीच मेरी पाप्यूलैरिटी जिन प्रोफ़ेसर्स को फूटी आँख नहीं सुहाती उनके लिए सुनहरा मौक़ा है। वे तालियों बजायेंगे, खुशियाँ मनायेंगे। पोरपारणेकर नाम का काँटा निकल गया अपने आप। हमने भी तय कर लिया ये दाँव पलट देंगे। दो बड़ी अलमारियाँ स्टाफ रूम में एक तरफ़ लगवायीं और मराठी डिपार्टमेण्ट के लिए एक केबिन बनवायी।

[अलमारियों के कटआउट से केबिन तैयार हुआ है। वहाँ एक टेबल-कुर्सी पहले से रखी थी। स्टाफ रूम की एक कुर्सी खींचकर अपने केबिन में रखते हुए। ये कुर्सी छोटी चेयरमैन लेक्चरर कुमारी नलिनी शिंदे के लिए है। उस कुर्सी पर सिर पर पल्लू ठीक करते हुए नलिनी शिंदे मराठी डिटेक्टिव उपन्यास खोलकर बैठ जाती है।]

महीपति : दाँव आसान नहीं था। कभी ये दाँव लगाकर भी नहीं देखा था और यही इस खेल की सबसे बड़ी दिक्कत थी।

[अपनी कुर्सी पर बैठ जाता है पीछे स्टाफ रूम में ज़ोरदार कहकहा।]

महीपति : क्या नलिनी ता... *(जीभ काटकर)* मैडम क्या कहते हैं लड़के *(बच्चे)*?

नलिनी : *(चौंककर)* बच्चे? किसके बच्चे?

महीपति : अपने... यानी यहाँ कॉलेज के।

नलिनी : अच्छा-अच्छा, क्या है कि...

महीपति : पीरियड लेती हैं न आप?

नलिनी : हाँ, लेकिन लड़कों को कौन देखता है।

महीपति : कौन देखता है यानी? फिर आप पढ़ाती कैसे हैं?

नलिनी : वैसे ही। पढ़ाते समय लड़कों की ओर क्यों देखना पड़ता है?

महीपति : फिर कहाँ देखती है?

नलिनी : ऐसे ठीक नाक के सामने।

महीपति : नाक की सीध में। तब भी कभी-कभार तो नज़र इधर-उधर जाती होगी?

नलिनी : नहीं बाबा।

महीपति : कानों में कुछ सुनायी तो पड़ता होगा।

नलिनी : *(मुँह से आवाज़ निकालती है)* कच्च।

महीपति : क्या सुनायी पड़ता है? च्यक्क।

नलिनी : सुनता कौन है?

महीपति : लड़कों का...

नलिनी : कौन सुनता है।

महीपति : यानी आप सुनती भी नहीं है? ये कैसे?

नलिनी : वैसे ही, *(पल्लू कानों के गिर्द अच्छी तरह लपेट कर)* पल्लू ऐसा ले लिया कि कुछ सुनायी नहीं देता। हमारी खानदानी परम्परा है। हमारी दादी ने तो मरने से पहले भी पल्लू को सिर पर लिया, ठीक से सिर ढँका फिर मरी। जैसा चाहो वैसा मरने का भी रिवाज़ नहीं हैं हमारे यहाँ।

महीपति : यानी हमारे और आपके खानदान की एक ही बात।

[स्टॉफ रूम में वाद-विवाद का ऊँचा स्वर, नलिनी ने किताब सामने कर रखी है और कान पल्लू में।]

महीपति : इन प्राध्यापक लोगों को मुँह चलाने का बड़ा शौक़ है। सच कहें तो ध्यान साधना का अभ्यास यहाँ होना चाहिए। अध्ययन, *(ज़रा रुककर)* क्या पढ़ रही हैं?

नलिनी : *(चौककर)* कहाँ कुछ?

महीपति : नहीं, मैंने कहा किताब कौन-सी है?

नलिनी : *(खुद कवर देखकर)* 'जानी दुश्मन', ' उभा दावा'।

महीपति : 'उभा दावा' किस बारे में है ये किताब।

नलिनी : असली जानी दुश्मनी।

महीपति : जानी दुश्मनी।

नलिनी : नहीं तो और किस बारे में।

महीपति : लेकिन आप तो पढ़ रही हैं न?

नलिनी : नहीं बाबा।

महीपति : तब फिर?

नलिनी : ऐसे ही, देखने के लिए है ये किताब।

महीपति : देखने के लिए?

नलिनी : हाँ, चार लोगों के बीच औरत जात किसी चेहरे की ओर नहीं देखती हमारे खानदान में। इसीलिए किताब साथ रखकर उस किताब में देखती हूँ।

महीपति : अच्छा, आपके पास किताब पढ़ने के लिए नहीं सिर्फ़ देखने के लिए होती है। फिर तो अब इसकी ज़रूरत नहीं, क्योंकि अब हम दोनों के अलावा यहाँ कोई नहीं... *(गले में अटकाव अनुभव कर खाँसता है)*

नलिनी : क्या हुआ?

महीपति : कुछ नहीं, ज़रा गले में कुछ अटक गया था। *(स्टाफ रूम में प्राध्यापकों का ठहाका)* मैं कह रहा था, अभी हम दो ही हैं इसलिए किताब की ज़रूरत नहीं है।

नलिनी : ज़रूरत है।

महीपति : है? *(नर्वस होकर)*

नलिनी : है तो।

[नलिनी फिर किताब सामने कर लेती है।]

महीपति : *(दर्शकों से)* होगी ही। यानी मेरे प्लान की सफलता में प्राचार्य, अन्य प्राध्यापक, प्यून्स, लड़के और इन सबके साथ खानदान की इस परम्परा की भी बाधा आने वाली थी। इस रिवाज़ की रुकावट। आगे किताब, दोनों ओर से कसकर चिपकाया पल्लू। नलिनी, यानी एक दुर्गम खानदानी क़िला। बताइए इसे कैसे जीता जाये? दूसरा कोई रास्ता भी नहीं था। या तो नलिनी का हाथ थामना, नहीं तो बेकारी का सामना। एक विकट समस्या। मुझे बबना का स्मरण हो आया।

[मोटर साइकिल की ज़ोर की आवाज़, महीपति स्टेज के दूसरी ओर आता है।]

बबन्या : *(आते हुए)* राम-राम मास्साब।

महीपति : राम-राम। क्यों भाई बबन्या, साले भड़वे आज इधर कहाँ कॉलेज में? और वो भी क्लासेस के समय में।

बबन्या : नहीं वो क्या है, एक काम निकल आया था। सोचा थोड़ा घूम आयें। थोड़ी वसूली भी करनी थी, दो-चार लड़कों से।

सोचा लगे हाथ अपनी हाज़िरी भी लग जायेगी। इसीलिए आ गया, बस। निकालो कुछ बीड़ी-सिगरेट, मास्साब।

महीपति : नहीं सिर्फ़ तम्बाकू है।

बबन्या : खाओ तुम्हीं *(गोल्ड फ़्लैक निकालकर लाइटर से सुलगाता है)* सुना है तुम्हारे स्टाफ में नयी चिड़िया आयी है।

महीपति : *(ज़रा सँभलकर)* तुम्हें कैसे मालूम हुआ?

बबन्या : मुझे कैसे मालूम हुआ यानी, अपनी नज़र है उस पर।

महीपति : *(ज़रा सँभलकर)* नज़र है मतलब?

बबन्या : अरे उसी के पीछे फिर रहे हैं अपन, मास्साब।

महीपति : *(सँभलकर)* उसके पीछे।

बबन्या : हाँ, उसके जवान होने के पहले से।

महीपति : वो किसलिए?

बबन्या : किसलिए क्या पूछते हो मास्साब। वैसे कोई खास कारण भी नहीं, वही अपना टाइमपास।

महीपति : अच्छा-अच्छा, टाइमपास।

बबन्या : मतलब उतना ही, बस टाइमपास। टाइमपास यानी... अब कैसे बतायें कि आप समझ पायें। हाँ, अपना वक़्त कट जाता है।

महीपति : *(दर्शकों से)* फिर वही सवाल। जो मेरे लिए जीने-मरने का सवाल है वही मेरे आश्रयदाता के लिए सिर्फ़ टाइमपास है। सहारा पाने के लिए जहाँ हाथ रखते हैं वहीं साला गड्ढा।

बबन्या : *(आँख मारकर)* चिड़िया टंच है न मास्साब। क्यों?

महीपति : *(ज्यों-त्यों)* हाँ, है ही कह लो।

बबन्या : हम एक बार तो पकड़ के ही रहेंगे, देखना मास्साब।

महीपति : एक बार?

बबन्या : कम-से-कम एक बार, ज़्यादा से ज़्यादा तो कितनी ही बार।

महीपति : अच्छा-अच्छा, कितनी भी बार *(चकराया हुआ)*।

बबन्या : लेकिन इसमें दिक्कत एक ही है।

महीपति : *(दर्शकों से)* मेरी भी। *(बबन्या से)* कैसी मुश्किल?

बबन्या : अब क्या पूछते हो मास्साब, उसका चाचा *(बाप)*।

महीपति : अरे हाँ सच है *(थूक निगलकर)* उसका बाप ही तो...।

बबन्या : मतलब ये कि मुश्किल पहले वाले की नहीं।

महीपति : ठीक कहते हो, बाद वाले की है।

बबन्या : वो क्या है मास्साब, उसका बाप और हम रिश्तेदार हैं और रिश्तेदारी भी एकदम करीब की। कुछ हुआ तो मेरा बाप लात मार के बाहर ही निकाल देगा घर से।

महीपति : ऐसा।

बबन्या : और बाप के बग़ैर अपना यहाँ क्या चलता है? अरे उसकी सरपंचगिरी के दम पर ही तो अपन गुलछर्रे उड़ा रहे हैं। बस यही प्रॉब्लम है। *(लम्बा कश खींचता है)*

महीपति : समझ गया। समझ गया। *(आशा से)* तो फिर अब?

बबन्या : इस हालत में दूसरी दो चिड़िया भी हैं नज़र में।

महीपति : अच्छा। *(दर्शकों से)* इस साले को तीन विकल्प। मुझे तो बस एक ही। अपना भविष्य तो इसी एक चिड़िया पर अटका है *(बबन्या से)* वो मैं क्या कह रहा हूँ बबन्या कि...

बबन्या : कहो-कहो मास्साब!

महीपति : छोड़ दो न इसे।

बबन्या : छोड़ दें।

महीपति : तीन में से अगर एक उड़ भी गयी तो क्या फ़र्क़।

बबन्या : यानी ये उड़ गयी।

महीपति : तब भी दो तो रहती हैं न?

बबन्या : लेकिन क्यों? तीन की तीन क्यों नहीं और मास्साब हम तो पूछते हैं चार क्यों नहीं।

महीपति : *(फँसा हुआ-सा)* हाँ, वो भी ठीक ही है।

बबन्या : जिसने छोड़ दिया वो नामर्द। ऐसा आदमी अपनी माँ की औलाद ही नहीं। वो तो भैंचो बैंगन का भुरता। पकड़ना मर्द का काम, जो छोड़ दे...

महीपति : नामर्द *(दर्शकों से)* यानी उसमें हम भी...लेकिन नहीं *(रुककर)* साला हम भी वैसे बिना विरोध नामर्द बनने को तैयार नहीं। अचानक दिमाग़ में बिजली कौंधी। *(बबन्या से)* बबन्या, छोड़ना मत।

बबन्या : जँचा न मास्साब।

महीपति : अब मुफ़्त में टाइम मत गँवा। पकड़ यार।

बबन्या : *(साशंक)* पकड़।

महीपति : हाँ, पकड़।

बबन्या : *(पूरी तरह जोश में)* पकडूँ।

महीपति : पकड़।

बबन्या : *(पूरी तरह इंस्पायर्ड)* पकड़ा ही समझो। कहाँ है वो मास्साब?

[बबन्या इस मन्त्रमुग्ध अवस्था में एक तूफ़ानी सीटी बजाकर उसे ढूँढ़ता घूम रहा है। अन्दर जाता है क्योंकि वो स्टेज पर नहीं है।]

महीपति : दाँव पूरी तरह वैज्ञानिक था, लेकिन था ख़तरनाक। इधर बबन्या जैसा बाज पीछे पड़ा नहीं कि चिरैया सीधे अपनी झोली में आ गिरेगी। मेरी झोली में नहीं तो और किसी की झोली में, लेकिन इसके अलावा अब कोई चारा नहीं था। जोखिम उठा लिया था, पासा फेंका जा चुका था।

[परेशान-सा बबन्या, तेज़ी से दौड़ता हुआ, महीपति से आ टकराता है।]

महीपति : *(आश्चर्य से)* कौन, अरे बबन्या तुम? क्या हुआ बे भड़वे?

बबन्या : *(परेशान)* मर गये मास्साब।

महीपति : वो कैसे? बाप ने लात मार के घर से बाहर कर दिया क्या?

बबन्या : नहीं।

महीपति : तो फिर?

बबन्या : वो चिड़िया, हमारे रिश्तेदार की भतीजी—वो नलू...

महीपति : हाँ, तो उसका क्या, उसने लात जमा दी क्या?

बबन्या : बाप उतर आये उसका, पर हमें हाथ नहीं लगा सकता, बबन्या पवार हैं हम।

महीपति : तो आख़िर हुआ क्या?

बबन्या : होना क्या था, मिल गयी हमें लुहारपाड़ा के उस तरफ़ यानी हम लुहारपाड़ा के इस तरफ़ और वो उस तरफ़। कोई नहीं था आसपास। सुबह से ही घात लगाये बैठे थे।

महीपति : और फिर?

बबन्या : फिर क्या, पकड़ा हाथ।

महीपति : *(सीने की धड़कन तेज़)* पकड़ा हाथ? तब फिर?

बबन्या : अरे फिर क्या?

महीपति : हुआ क्या?

बबन्या : मिर्गी आ गयी मास्साब *(महीपति को पकड़कर)*

महीपति : *(सन्देह से)* वो कैसे?

बबन्या : *(थरथराते हुए)* वो ऐसे।

महीपति : ऐसे ही।

बबन्या : हाँ, ऐसे ही।

महीपति : अरे, लेकिन ऐसे-कैसे उसी वक़्त मिर्गी आयी?

बबन्या : अब क्या आपसे झूठ बोल रहा हूँ *(अभी भी महीपति को पकड़े थरथरा रहा है)* अब भी सीने में धकधक हो रहा है, देखो *(महीपति का हाथ सीने पर रखता है)* देखा!

महीपति : उसने कुछ किया तो नहीं?

बबन्या : हम करने देंगे? छोड़ो मास्साब।

महीपति : और अपने आप मिर्गी आ गयी? ऐसे ही?

बबन्या : *(हाँफते हुए)* हाँ, ऐसे ही। ज़रा दम लेने दो। अभी कुछ मत पूछो।

महीपति : *(दर्शकों से)* यह सब अद्भुत था। एकदम अजूबा *(बबन्या से)* लेकिन बबन्या भड़वे...।

बबन्या : *(हाथ से इशारा करता है रुकने का, हाँफ रहा है, फिर उठकर)* हाँ, अब पूछिए। नहीं तो कुछ मत पूछो मास्साब। पूछने जैसा है भी क्या? क्या है पूछने काबिल।

महीपति : दम लो। फिर मिर्गी आ जायेगी। लम्बी साँस लो।

बबन्या : ली मास्साब।

महीपति : अब ज़रा ठीक से सोचकर बताओ। उसका हाथ पकड़ा था क्या? यानी उसका ही हाथ था न जो पकड़ा था? तुमने पहले क्या किया?

बबन्या : हाथ पकड़ा, हाँ इसी हाथ में।

महीपति : उसका ही हाथ न?

बबन्या : हाँ-हाँ, उसका ही हाथ।

महीपति : *(उसका हाथ पकड़ते हुए)* ऐसे?

बबन्या : *(अपना हाथ छुड़ाकर महीपति का हाथ पकड़ते हुए)* ऐसे।

महीपति : अबे, ज़रा धीरे। हाँ फिर क्या हुआ?

बबन्या : बाप याद आ गया।

महीपति : बाप दैट्स इट, यू रिमेंबर्ड योर बाप मीन्स फादर दैट इज़ सरपंच और तुम्हें मिर्गी आ गयी।

बबन्या : हाँ, बिल्कुल सही।

महीपति : बाप की लात याद करके?

बबन्या : बिल्कुल ग़लत। वो तो हम बचपन से खाते आये हैं। मास्साब लातों की कोई बात नहीं। लेकिन सोचा अगर घर से निकाल दिया तो क्या होगा? आख़िर उसकी सरपंचगिरी पर ही तो सब जगह अपनी चलती है। है न?

महीपति : अच्छा।

बबन्या : भैंचो तभी ये करम हो गया, जब नहीं होना चाहिए था।

महीपति : अच्छा ही हुआ।

बबन्या : *(ज़रा गुस्से से)* क्या कहा?

महीपति : मैंने कहा, अच्छा नहीं हुआ।

बबन्या : ये हुई न बात ज़रा क़ायदे से बोलो मास्साब, अभी बाप ने घर से बाहर निकाला नहीं हैं हमें।

महीपति : मंजूर। फिर अब आगे क्या?

बबन्या : अब क्या आगे और क्या पीछे मास्साब। दिल की लगी हो गयी है, अपने लिए। अगर सीना चीर कर दिखाया तो अन्दर भारी घाव दिखेगा। इतना बड़ा तो होगा ही। आज तो खाना-पीना भी अच्छा नहीं लगेगा। रात नींद भी नहीं आयेगी। क्या ज़िन्दगी हो गयी भैंचो। ज़रा उस तरफ़ हो, सरको मास्साब और अब सुनो *(एकदम पोज़ लेकर)* तुझसे इतना भी न हो सका ग़ालिब। हाय, साले ऐसे जीने से भाड़ में क्यों नहीं जाते।

महीपति : वाह-वाह। सुभान अल्लाह। लेकिन जो हुआ वो बहुत बुरा हुआ। लेकिन मैं कहता हूँ कि तुम दुबारा कोशिश क्यूँ नहीं करते।

बबन्या : न भई।

महीपति : लेकिन क्यों?

बबन्या : जाने भी दो मास्साब। अपना तो राम बान वाला हिसाब है। पहला ही तीर निशाने पर लगा तो ठीक, नहीं तो गया गधी की गां... में। इस चिरैया को समझो हमने छोड़ा मास्साब।

महीपति : छोड़ दिया?

बबन्या : हाँ छोड़ा। जिसे चाहिए वो ले जाये। हमने तो छोड़ दिया।

महीपति : *(दर्शकों से)* जो कुछ हो रहा है वो अपने फ़ायदे का है, या घाटे का, यही ठीक से समझ नहीं आ रहा था। *(बबन्या से)* ठीक है बबन्या। सिर सलामत तो पगड़ी पचास। क्या कहते हो।

बबन्या : मास्साब सरको ज़रा *(पोज़ लेकर)* हम आसमाँ से टकराये, तूफ़ान से चले आये, समन्दर को भी एक छलाँग में पार किया। लेकिन हाय, ग़ालिब, एक लड़की ने हमारी मार डाली। *(दाद के लिए हथेली आगे करता है)* ये अन्दर का दिल बोलता है, बस्स *(हिन्दी फ़िल्मों के मासूम हीरो की तरह खिरामा-खिरामा चलता जाता है।)*।

[बबन्या की मोटरसाइकिल की तेज़ आवाज़ दूर जाती हुई। पीछे, सिर पर पल्लू डाले नलिनी शिंदे आकर अपनी कुर्सी पर बैठ जाती है) उसके सामने वही मराठी डिटेक्टिव किताब खुली हुई है। चेहरा छुपाती-सी।]

महीपति : बबन्या गया। अब मैदान अपने लिए साफ़ हो गया था। लेकिन अब जंग कहाँ से शुरू की जाये ये यक्ष प्रश्न तो अब भी मुँह बाए खड़ा था। नाकाबन्दी ज़बर्दस्त थी।

[महीपति जैसे ही उसके सामने जाकर बैठता है, नलिनी शिंदे हाथ की किताब नीचे रख, उठकर उसके पास जाती है और उससे लिपटकर फफक-फफक कर रोने लगती है।]

महीपति : *(दर्शकों से)* अर्रर...। ग़ालिब, किधर गये ग़ालिब मियाँ

महीपति : *(नलिनी से)* नलिनी जी, नलिनी, रोइए मत,...क्या हुआ। नलिनी, कोई देख लेगा। नलिनी जी, ज़रा वहाँ बैठकर रोइए। नली, नलिनी, मैडम, शान्त हो जाइए, बस-बस बहुत हुआ। क्या हो गया नलिनी? *(उसे थपथपाता है, एकाग्रतापूर्वक)*

[और नलिनी एकदम से कुर्सी पर बैठकर अपने सामने किताब कर लेती है और फिर से चेहरा छुपा लेती है महीपति अचरज से देखता है।]

महीपति : *(गला साफ़ करते हुए, सँभलकर)* कहिए अब कैसी हैं *(आवाज़ फट जाती है)* यानी ठीक हैं न अब!

नलिनी : हाँ ठीक हूँ *(किताब की ओर देखते हुए ही)* अब ये विषय यहीं ख़त्म कीजिए।

महीपति : *(दर्शकों से)* अरे साला।

नलिनी : (*किताब की आड़ से ही*) सर जो हुआ वो हुआ ही नहीं, बस ऐसा ही समझें।

महीपति : *(दर्शकों से)* कमाल है।

नलिनी : *(किताब में देखते हुए)* कृपा करके इस बारे में किसी से कुछ न कहें और कुछ भूल चूक हुई हो तो क्षमा करें।

[रोने के बाद जिस तरह नाक से सूँ करते हैं, वैसी आवाज़ निकालती है।]

महीपति : उसमें माफ़ी की क्या बात है, उलटे मुझे इस वजह से...नहीं, आपको इस वजह से अच्छा लगा हो तो मुझे इस बात की खुशी ही होगी। *(दर्शकों से)* एक जवान लड़की सीने पर सिर रखकर रोती है, इसमें बुरा लगने जैसा क्या है?

नलिनी : *(किताब में सर गड़ाये)* मुझे अच्छा लगा।

महीपति : क्या कहा तुमने—यानी आपने? इतना तो कम-से-कम मेरी ओर देखकर कहो।

नलिनी : *(सिर के पल्लू से दोनों आँखें पोंछते हुए)* वो हमारे खानदान का रिवाज़ नहीं है।

महीपति : रिवाज़ नहीं है तो रहने दो, लेकिन ऐसा क्या हुआ कि आपको इतनी तकलीफ़ पहुँची, वो तो हमें बतायेंगी न? या इसका भी रिवाज़ नहीं है।

नलिनी : *(किताब में देखकर)* कैसे कहूँ, यही समझ में नहीं आ रहा।

महीपति : कहना शुरू कीजिए, आ जायेगा, समझ में। हाँ बताइए।

नलिनी : सुनिये। *(हडबड़ी में पल्लू का छोर रुलाई रोकने के लिए मुँह में ठूँस लेती है। फिर मुँह से पल्लू निकालकर किताब पर आँखें जमा देती है।)*

नलिनी : सर, हमारे खानदान की प्रतिष्ठा पर हमारे हाथ से बट्टा लग गया। *(फिर से रोना और मुँह में पल्लू ठूँसना और फिर पल्लू निकालकर किताब में देखना)* खानदान की इज़्ज़त धूल में

मिला दी। आज तक खानदान में जो किसी ने नहीं किया होगा। वो मुझसे हो गया। *(गला भर आया)*

महीपति : *(भावुक होकर)* ऐसी भी क्या बात है, अगर मेरी मदद की ज़रूरत है तो मैं तैयार हूँ। आदमी से ग़लती हो जाती है। हम उसे सुधार लेंगे।

नलिनी : *(नज़र किताब में)* लेकिन मास्साब, ये ग़लती सुधर नहीं सकती।

महीपति : सुधर नहीं सकती। बात काफ़ी आगे बढ़ गयी है क्या?

नलिनी : *(किताब में एकटक)* मेरा ये बायाँ हाथ काटकर फेंक दूँ, ऐसा मन करता है।

महीपति : *(सन्देह से)* वो क्यों?

नलिनी : यही हाथ उसने पकड़ा था।

महीपति : किसने?

नलिनी : हाँ, यही हाथ उसने पकड़ा।

महीपति : उसने यानी बबन्या ने? बबन्या पवार।

नलिनी : मास्साब *(फिर रोने लगती है इस बार सिर्फ़ किताब की ओर देख रही है। जल्दी ही तटस्थ होती है। किताब पर ही नज़र।)*

महीपति : अच्छा, बबन्या ने हाथ पकड़ा इसलिए रो रही हो तुम। धत्त तेरे की। अरे नलू तुम पगली हो कि बावली। बबन्या यहाँ आकर तुमसे पहले ही आँसू बहा गया। तुम्हारा हाथ पकड़ने का बड़ा अफ़सोस था मन में। पश्चात्ताप हो रहा था। सच, तुम्हारी कसम।

नलिनी : *(किताब में देखकर)* लेकिन मास्साब। खानदान की प्रतिष्ठा का क्या?

महीपति : *(उसके पास सरक कर)* देखो नलू कोई किसी का सिर्फ़ हाथ पकड़ ले तो इज़्ज़त धूल में मिल जाये इतनी हल्की नहीं होती इज़्ज़त और अगर वो इतनी ही हल्की है, तो कल मिलती हो तो आज मिल जाये मिट्टी में। नलू, शोक से बाहर आओ।

नलिनी : *(किताब में ही देखते हुए)* हाँ, ठीक हैं आप कितने सहृदय हैं सर और समझाते भी कितना अच्छा हैं।

महीपति : होती है किसी-किसी में ये कला। और हाँ अब वो किताब क्या नाम है 'उभा दावा' 'जानी दुश्मन' ज़रा बगल में रख दो। वरना अपनी ही जानी दुश्मन हो जायेगी और ठन जायेगी अपनी उससे।

[नलिनी पल्लू में ही हँसती है। महीपति निर्निमेष दृष्टि से देखता है, अपलक कहते हैं जिसे। तभी दूध में नमक की डली पड़ गयी हो जैसे, ऐसे दो प्राध्यापक स्टाफ रूम में घोड़े की तरह हिनहिनाते आ टपकते हैं। फिर महीपति दूसरी एक किताब में और नलिनी 'जानी दुश्मन' में डूब जाते हैं।]

महीपति : *(किताब रखकर दर्शकों के सामने आकर)* इस तरह क़िला जीतने से पहले ही हाथ में आ गया। हथियार चलाने से पहले ही जंग ख़त्म हो गयी और हमारी फ़तह हुई। पूरी जीत। जय ईश्वरभाई। जय बबन्या।

[अब दूसरे प्रोफ़ेसर आकर महीपति के सामने क़तार में खड़े हो जाते हैं, पहले आये दोनों प्रोफ़ेसर भी इन्हें ज्वाइन करते हैं।]

पहला प्रो. : क्या पोरपारणेकर जी। आजकल दिखायी नहीं देते?

महीपति : यहीं होता हूँ कॉलेज में।

दूसरा प्रो. : अजी, आपका दर्शन दुर्लभ हो गया है जी।

महीपति : वो क्यों? होता तो है।

तीसरा प्रो. : आप अच्छे तो हैं?

महीपति : मुझे क्या हुआ है?

तीसरा प्रो. : नहीं, हमने कहा अच्छे ही रहना।

महीपति : हाँ अच्छा हूँ।

चौथा प्रो. : फ़ॉरगेट अस नॉट। मिस्टर पोरपारणेकर।

महीपति : हाँ, हाँ।

पहला प्रो. : क्या कहता है आपका टट्टू?

महीपति : टट्टू? हाँ, हाँ, टट्टू। अच्छा ही है। वो अच्छा काम करती हैं।

तीसरा प्रो. : करती हैं, वो?

महीपति : हाँ, शिंदे मैडम।

दूसरा प्रो. : मैडम, ग़ज़ब हो गया जी।

महीपति : क्यों क्या मैडम नहीं हैं वो?

पहला प्रो. : अच्छा करती हैं न काम? बस, फिर ठीक। उनसे बहुत ज़्यादा काम मत लेना।

महीपति : नहीं ही लेते।

तीसरा प्रो. : वैसे समझदार हैं, अपने पोरपारणेकर।

चौथा प्रो. : ही हैज ह्यूमेनिजम।

पहला प्रो. : *(महीपति से)* आप भी ज़रा सँभलकर रहियेगा।

तीसरा प्रो. : आप माइनॉरिटी में आते हैं।

महीपति : हाँ-हाँ वो एहतियात बरतता हूँ मैं।

दूसरा प्रो. : अगर मदद की ज़रूरत हो तो हमसे कहियेगा।

महीपति : जरूर-जरूर, बतायेंगे न।

पहला प्रो. : तो हम चलें?

महीपति : हाँ, निकलिए।

तीसरा प्रो. : चलते हैं।

महीपति : जी अच्छा।

चौथा प्रो. : पार्टिंग इज़ सच स्वीट-सॉरो पोरपारणेकर।

महीपति : नहीं, ऐसी क्या बात है। ये तो चलता है। लोकनीति है। *(सभी प्रोफ़ेसर्स वहीं खड़े हैं)*

चौथा प्रो. : स्पीक—पुंडरीक वरदा...

अन्य : हरि विट्ठल।

दूसरा प्रो. : पोरपारणेकर महाराज की...

अन्य : जय हो।

[महीपति दिग्भ्रमित-सा ये सब देखता है। सभी जाते हैं।]

महीपति : थोड़ी देर बाद दिमाग़ की ट्यूबलाइट जली कि सारे के सारे हमें उल्लू बनाने आये थे। मैं माइनॉरिटी जाति वाला हूँ और संस्था की मैनेजिंग कमेटी में मेरी जाति का कोई नहीं है। सभी मुझसे ऊँची जाति वाले हैं। मतलब ये कि मुझे फुर्ती दिखानी होगी। ज़्यादा वक़्त नहीं है। जितना मैंने दाँव चलने से पहले सोचा था। ज़रूरी है कि दुश्मन की शिकायत सिंहासन के सामने पहुँचे, उसके पहले मेरी चाल और मोर्चाबन्दी पुख़्ता हो जानी चाहिए। जय बजरंग।

[नलिनी की तरफ़ जाता है, जो पिछली कुर्सी पर बैठी है किताब और पल्लू में चेहरा छुपाये।]

महीपति : नलू!

नालिनी : *(किताब किनारे रख एकदम उठकर)* प्रभु

महीपति : *(पीछे हटते हुए)* ऐसा उतावलापन अच्छी बात नहीं।

नालिनी : लेकिन मुझसे अब तुम्हारे बिना रहा नहीं जाता, प्रीतम प्यारे।

महीपति : मुझसे भी नहीं रहा जाता, लेकिन ज़माना दुश्मन है। रात पीछे पड़ी है।

नालिनी : अरे रात कहाँ है अभी। अभी तो दिन है।

महीपति : ठीक है। दिन दुश्मन है। हमारे दुश्मन चारों तरफ़ घात लगाये बैठे हैं।

[नयी रोशनी में एक तरफ़ घात लगाये बैठे प्राध्यापकगण दिखायी देते हैं,... सब लोग एक-दूसरे पर गिरते-पड़ते इन्हें देखने की कोशिश करते हैं प्रकाश मन्द होता है।]

नालिनी : तो फिर अब क्या करना है? मैं तो बेकरार हूँ धैर्य नहीं है।

महीपति : जब चैन खोने लगे, धीरज जाने लगे तब ही धीरोदात्त प्रेम की पहली कसौटी होती है। समझीं नलू।

नालिनी : कितनी सुन्दर बात कही है।

महीपति : हाँ।

[पल्लू सिर पर, नज़र सामने जानी दुश्मन पर और चेहरा गम्भीर और महीपति खुद इस मुद्रा में कि जैसे पेपर जाँच रहे हों।]

नलिनी : लेकिन मुझे लग रहा है कि अपना दिल खोलकर तुम्हारे सामने रख दूँ। अपने पवित्र प्रेम की सरिता में नहला दूँ तुम्हें।

महीपति : फिलहाल तो इसे लिख डालो। खत लिखो मुझे।

नलिनी : पत्र?

महीपति : हाँ, *(नज़र किताब पर ही)* खत।

नलिनी : लेकिन तुम्हारे सामने होते हुए भी?

महीपति : कोई चारा नहीं है।

नलिनी : अरे कितना मजा आयेगा न पत्र लिखने में भी।

महीपति : हाँ, ज़रूर आयेगा। लेकिन खत लिखते वक़्त चेहरा गम्भीर रखना होगा, मिस शिंदे।

नलिनी : ऐसा कितने दिन करना होगा?

महीपति : थोड़े दिन मिस शिंदे। खत पूरा हुआ कि नहीं?

नलिनी : नहीं जानेमन *(जीभ काटकर)* नहीं सर, अभी लिखती हूँ।

[लिखने लगती हैं। बीच में ही जीभ निकालकर नाक तक ले जाती है। पत्र लिखने में मगन है, बीच में चोर निगाह से महीपति को देखती है।]

[स्टाफ रूम में प्राध्यापक लोग आपसी चर्चा कर रहे हैं लेकिन सारा ध्यान इनकी तरफ़ ही है।]

तीसरा प्रो. : *(बीच में ही उठकर महीपति के टेम्परेरी केबिन में ज़रा घुसकर)*

पोरपारणेकर, वो आपके उसके नोट्स ज़रा चाहिए थे। *(नलिनी की ओर ध्यान से देखते और अनुमान लगाते हुए कि चल क्या रहा है)* उसके यानी...वो सीता स्वयंवर...।

महीपति : क्यों? किस सीता के स्वयंवर का मुहूर्त निकाला है, घोडनवरे सर?

(खुद ठहाका लगाकर हँसते हुए दाद पाने के लिए हाथ आगे बढ़ाता है) तीसरा प्राध्यापक मजबूर होकर हाथ आगे करता है। महीपति उसके हाथ पर एक कॉपी रखता है

तीसरा प्रो. : सॉरी सर, आपको डिस्टर्ब किया।

महीपति : जब चाहे करिए, एट योर सर्विस। क्या मिस शिंदे? हो गया क्या पूरा? कितनी देर लगाती हैं आप? किसने लेक्चरर बनाया आपको।

[तीसरा प्राध्यापक भुनभुनाते हुए अपनी कुर्सी पर बैठ जाता है। नलिनी लिखा हुआ पत्र महीपति को देती है और शरमाते हुए सिर के पल्लू और सामने रखी किताब पर नज़र जमा देती है।]

महीपति : *(दर्शकों से)* खत में क्या लिखा होगा आपको बताने की आवश्यकता नहीं।

(पत्र पढ़कर एक ओर तो थ्रिल महसूस करता है, लेकिन फिर प्राध्यापकीय चेहरा बनाता है) कितनी ग़लतियाँ हैं,

स्पेलिंग मिस्टेक्स। न और ण के बीच का मामूली फ़र्क़ भी नहीं मालूम आपको और आप बच्चों को पढ़ाने आयी हैं।

नलिनी : *(किताब में देखते हुए)* ऐसा न बोलो जानेमन दिल टुकड़े टुकड़े हुआ जाता है।

महीपति : *(पत्र को नोट्स की तरह जाँच रहा हो इस पोज़ीशन में)* यह भी ग़लत ह्दिय नहीं हृदय। पहले 'ह' का उच्चारण फिर 'र' का। दिल *(हृदय)* टूक-टूक हुआ जाता है क्यों? *(कहते हुए हाथ धीरे से दबाता है)* बढ़िया है, बढ़िया। होने दो टूक-टूक। ज़रा आदत डालिए तो ज़्यादा नहीं होगी—तकलीफ़ मेरा मतलब ग़लतियाँ।

[पत्र तहकर ठीक से जेब में रखता है। बाहर पीरियड की घण्टी बजती है। नलिनी अन्दर आती है। एक बार उसकी ओर जानलेवा ढंग से देखती है और संयमित होकर आगे बढ़ जाती है।]

महीपति : *(दर्शकों से)* देखते ही देखते चौदह पत्र लिख गये। सब में मैटर एक ही। वही चींटी की तरह ज़नानी लिखावट काट-पीट और अनेक ग़लतियों से भरे।

महीपति : एक मासूम अल्हड़ हृदय का प्रेम प्रलाप। सब मैं सँभाल कर रखता जाता था सबूत के तौर पर कि कभी नौबत आयी तो इस्तेमाल कर सकूँ। एक बार जंग के मैदान में उतरे तो सही-ग़लत कुछ नहीं होता। प्रेम और जंग में तो सब जायज़ है न? और यहाँ तो दोनों यानी प्रेम और जंग एक साथ थे।

[नलिनी लेडीज़ छाता लिए उसमें छुपती सी दर्शकों के सामने महीपति के पास आकर रुकती है।]

नलिनी : *(इधर-उधर देखते हुए)* जानेमन।

महीपति : *(नाक की सीध में देखते हुए)* क्या है नलू!

नलिनी : खत लिखते-लिखते थक गयी हूँ और कितने दिना लिखनी हैं अभी? सिर्फ़ चिट्ठियाँ?

महीपति : *(इधर-उधर देखकर)* दिना नहीं 'दिन'। दिना भाषा का ग्राम्य रूप है।

नलिनी : अच्छा बाबा दिन। लेकिन बहुत लम्बे होते हैं ये दिना दिन। अब रहा नहीं जाता।

महीपति : *(फिर इधर-उधर देखकर)* रहा नहीं जाता?

नलिनी : मैं कुछ कह रही हूँ और तुम मेरी भाषा की गलतियाँ गिनाने में लगे हो।

महीपति : *(नाक की सीध में देखते हुए)* वो तो ऐसे ही, मुख्य मुद्दा समझ में आ गया है।

नलिनी : फिर?

महीपति : फिर क्या? मेरे घरवालों का तो कोई सवाल नहीं, क्योंकि मेरा घर ही नहीं है। तुम अपने घर में बात चलाओ।

नलिनी : मुझे डर लगता है।

महीपति : तब फिर बात आगे कैसे बढ़ेगी?

नलिनी : वो ठीक है लेकिन...

महीपति : उसमें डरने की क्या बात है? मैं कहता हूँ...*(किसी जाने वाले से घबराकर पीठ कर खड़ा हो जाता है फिर उसे गया जानकर सामने आता है)* हम एक-दूसरे से प्यार करते हैं न?

नलिनी : हाँ, वो तो है।

महीपति : एक-दूसरे के बिना हम जी नहीं सकते।

नलिनी : हाँ जानेमन।

महीपति : बस तो फिर। निडर होकर अपने चाचा से कह देना...।

नलिनी : तब भी मुझे डर लगता है न प्यारे...।

महीपति : कहो नलू, पर ज़रा ठहरो, कोई आ रहा है *(देखकर)* हाँ कोई नहीं है। बोलो।

नलिनी : तुम्हीं क्यूँ नहीं पूछते?

महीपति : किससे तुम्हारे चाचा से। *(थूक गुटककर)* बात ये है नलू कि मेरा पूछना ज़रा ठीक नहीं होगा। और मान लो मेरे पूछने से बात बिगड़ गयी तो?

नलिनी : तुम्हीं पूछो।

महीपति : नहीं, तुम्हारा पूछना ही उचित है।

नलिनी : नहीं, तुम्हीं पूछो।

[इनकी बातचीत के समय... सारे प्राध्यापक और प्राचार्य। प्राध्यापक लोग प्राचार्य को नलिनी और महीपति के बारे में बता रहे हैं और प्राचार्य सन्देह, क्रोध, अविश्वास और निश्चय के भाव से सर हिला रहे हैं। अन्ततः प्रोफ़ेसर्स

ने प्राचार्य के मन में सन्देह का बीज बो दिया है, हवा भर दी है। सब मिलकर बाहर जाते हैं।]

महीपति : ठीक है। मैं तुम्हारी बात पर एक बार सोचता हूँ, अब मैं जाऊँ?

नलिनी : एक बार प्यार से देखो तो मेरी तरफ़ *(भावनावश होकर)*

महीपति : हाँ-हाँ, मिलते हैं न कॉलेज में।

[नलू एक तरफ़ से बाहर जाती है। महीपति दूसरी तरफ़ से। पीछे नलू के चाचा–सोसायटी के अध्यक्ष आकर बैठते हैं और अपने साथ लाई बन्दूक की सफाई करते हैं।]

[प्राचार्य दूसरी तरफ़ से आते हैं, दोनों के बीच मौन संवाद चलता है। प्राचार्य कोई बहुत प्राइवेट बात बता रहे हैं। नलू के चाचा देखते ही देखते तनकर खड़े हो जाते हैं और बन्दूक प्रिंसिपल की ओर ही तान देते हैं अर्थात् कल्पित महीपति पर। प्राचार्य उन्हें शान्त कराने की कोशिश करते हैं। पीछे यह चल रहा है और सामने–]

नलिनी : *(एक तरफ़ से आकर दूसरी तरफ़ से आये महीपति से)* क्या करें बताओ न?

महीपति : क्या करें?

नलिनी : तुम पूछो न?

महीपति : नहीं, तुम्हीं पूछो।

(अपनी ही जगह पर दोनों एक चक्कर घूमते हैं)

नलिनी : मुझे डर लगता है न।

महीपति : मुझे समझ में नहीं आता कि इसमें डरने की क्या बात है? बहुत हुआ तो क्या करेंगे? न कहेंगे, और क्या करेंगे?

नलिनी : वो बात नहीं।

महीपति : अच्छा तो मुझे और सोचने दो।

[प्राचार्य स्टेज पर जाते हैं। नलू के चाचा (अध्यक्ष) बन्दूक लेकर तमतमाते से चक्कर काट रहे हैं। नलू और महीपति दोनों पहले विपरीत दिशा में चेहरा किये फिर दो क़दम चलकर अब एक-दूसरे के सामने आते हैं।]

नलिनी : फिर क्या सोचा तुमने?

महीपति : सोचा, पर कुछ समझ नहीं आया।

नलिनी : वो जाने दो। लेकिन कुछ तो तय करना पड़ेगा। वो भी जल्दी।

महीपति : हाँ, तय तो करना ही है।

नलिनी : हमें, आजकल ठीक से नींद भी नहीं आती। बहुत जी घबराता है। चिन्ता सताती है।

महीपति : किस बात की चिन्ता?

नलिनी : अगर चाचा जी को पता चल गया तो क्या होगा? *(सिटपिटाते हुए, फिर सँभल कर)* हूँ, वैसे भी एक दिन हम खुद ही बताने वाले हैं।

नलिनी : देखो सीने में कैसा धकधक हो रहा है।

महीपति : ऐसे समय में मुझे याद किया करो पगली।

नलिनी : करती हूँ जानेमन, लेकिन फिर भी।

महीपति : मैं हूँ ना! फिर किस बात की चिन्ता। *(पीछे नलू के बन्दूकधारी चाचा का निश्चयी चेहरा)* अगर आकाश-पाताल भी एक हो जायें तब भी हम तुमसे अलग नहीं होंगे नलू।

नलिनी : *(महीपति के कन्धे पर सिर रखकर)* प्रिय महीपति।

महीपति : *(उसे थपकाते सहलाते)* नलू।

[नलू के चेयरमैन चाचा बिना बन्दूक विंग में से आकर पीछे खड़े हो जाते हैं और ज़ोर से खखारते हैं।]

[नलू और महीपति दोनों बहुत ज़्यादा घबराये हुए। जैसे-तैसे सीधे खड़े हो पाते हैं।]

चेयरमैन : *(मूँछो पर ताव देते हुए)* क्या मास्साब, क्या चल रहा है?

महीपति : क्या...चल रहा... नहीं यानी कुछ भी तो नहीं। ऐसे ही सब्जेक्ट डिस्कशन यानी...*(आवाज़ डूब जाती है)*।

चेयरमैन : चर्चा, सब्जेक्ट।

महीपति : हाँ...वो...कौन-कौन-सा पोर्शन अभी क्लास में पूरा कराना है वग़ैरह...ये तो हमेशा का डिस...

चेयरमैन : हमेशा का, हूँ।

महीपति : हाँ, यानी वो देखना ही होता है न...।

चेयरमैन : तो फिर हो गयी चर्चा सब्जेक्ट की!

महीपति : *(क्षीण स्वर में)* चल ही रही थी।

चेयरमैन : शाब्बाश! काम तो क़ायदे से ही होना चाहिए न? क्यों मास्साब?

महीपति : जी, जी हाँ।

चेयरमैन : हमारी भतीजी कैसा करती है?

महीपति : क्या?

चेयरमैन : वही जो अभी सब्जेक्ट डिस्कशन चल रहा था।

महीपति : बढ़िया, बहुत अच्छा करती हैं *(घबराया स्वर)* पहले ज़रा नयी थीं न?

चेयरमैन : नयी थी क्यों?

महीपति : हाँ, अनुभव नहीं था, वो एक्सपीरियंस...

चेयरमैन : अच्छा-अच्छा।

महीपति : अब हो गया है।

चेयरमैन : अब हो गया। अनुभव से बहुत कुछ सीखता है आदमी—है न?

महीपति : हाँ, वही तो।

चेयरमैन : और कोई तो डेढ़-दो गुना सीख जाता है।

महीपति : हाँ वो तो...हर एक...जो जैसा है, उस पर निर्भर...यानी...।

चेयरमैन : तो बताओ मास्साब, हमारी नली, कि अक्ल डबल हो गयी, या जो थी, वो भी चली गयी?

महीपति : नहीं। आयी है ज़ाहिर है।

चेयरमैन : सच्ची कह रहे हैं मास्साब।

महीपति : जी हाँ, बिल्कुल, आख़िर भतीजी किसकी है।

चेयरमैन : हमारी ही कहिए जी।

महीपति : वही तो।

चेयरमैन : लेकिन वो डिसक...वो चर्चा वो सब्जेक्ट की चर्चा। ऐसे यहाँ अकेले में, सन्नाटे में करनी पड़ती है? नहीं, यानी हम ठहरे देहाती, सो हमें कुछ...

महीपति : वो क्या है कि कॉलेज के समय में कुछ डिस्कशन पूरा नहीं हो पाता है तो...

चेयरमैन : अच्छा, तब दोनों लोग ही मिलकर करते हैं, काम की बातचीत।

महीपति : हाँ! ऐसा ही समझिए। कभी तीन भी होते हैं मगर डिपार्टमेण्ट में हम दो ही हैं इसलिए...।

चेयरमैन : हम ठहरे निपट गँवार, कॉलेज पढ़े बिना ही सोसायटी के चेयरमैन बने हैं। हमें इसमें क्या समझता है भला?

महीपति : आप तो शर्मिन्दा कर रहे हैं, ऐसा कैसे हो सकता है?

चेयरमैन : ऐसा ही है, अगर समझ में आता होता तो इतना पूछते क्यों? हैं कि नहीं। सीधा भाँप लेते सब कुछ, है न? क्यों मास्साब बताओ तुम ही। महीपति चुप है। वह कभी हाँ, तो कभी ना में सर हिलाता है, बहुत नर्वस है।

चेयरमैन : वो क्या कहते हैं मास्साब हमने आपके दूध के गिलास में नमक की डली डाल दी, है न?

महीपति : अरे नहीं-नहीं, ऐसा तो कुछ भी नहीं है।

चेयरमैन : अरे नहीं कैसे मास्साब, आपकी चर्चा के ठीक बीच में हम आ गये। क्यों री नली *(नलू घबराई हुई, पसीना पोंछती है)*।

महीपति : *(गला साफ़ करते हुए)* उसमें कोई बात नहीं, हमारी बातचीत तो वैसे बहुत सामान्य चल रही थी।

चेयरमैन : सामान्य हो कि स्पेशल हो, लेकिन इतना तो पक्का है कि आप लोग बहुत ज़रूरी काम और बात कर रहे थे, हैं कि नहीं?

महीपति : ज़रूरी यानी...।

चेयरमैन : तो आप जारी रखो।

महीपति : जी?

चेयरमैन : हाँ, वो जो कर रहे थे, वो शुरू करो।

महीपति : *(बुद्धू की तरह)* क्या?

चेयरमैन : अरे क्या-क्या पूछते हो मास्साब? वो जो कर रहे थे आप, उसे फिर से चालू करो।

[महीपति एकदम हड़बड़ा जाता है।]

चेयरमैन : ए नली तू क्यों खड़ी है, तू भी चालू कर।

[नलिनी नर्वस है।]

चेयरमैन : हमने क्या कहा, आपकी वो चर्चा चलने दो आगे, ज़रा हम भी सुनते हैं, वो काम की चर्चा। ज्ञान भले थोड़ा ही मिले पर दोनों हाथों से बटोरना चाहिए। हाँ, शुरू करो।

महीपति : *(साहस बटोरकर, गला साफ़ करते हुए)* तो नलिनी मैडम, ये जो पोर... *(गला अटक जाता है)* जल्दी पोर्शन पूरा...फर्स्ट इयर... का...*(नलिनी मूक खम्भे की तरह, उसके चाचा देखते हुए खड़े हैं)* *(फिर कहने की कोशिश)* कविता का पोर्शन, चैप्टर रह गया है अभी, वो पूरा करना चाहिए।

[नलिनी चुप है। महीपति कुछ...]

चेयरमैन : *(ज़रा रुककर)* हो गया?

(महीपति हाँ में सिर हिलाता है) यही वो चर्चा, अच्छा ऐसे करते हैं, अच्छा अभी कुछ और बाकी है?

महीपति : *(मुश्किल से)* नहीं, हमारी चर्चा लगभग पूरी हो गयी थी।

चेयरमैन : अच्छा ख़त्म ही हो गयी थी। तो नलू चल अब घर चल, चर्चा ख़त्म हो गयी है न? अच्छा तो मास्साब, हमें आज्ञा दो।

महीपति : *(ज्यों-त्यों हाथ जोड़कर)* जी मैं कैसे कहूँ।

चेयरमैन : आपकी इस तरह चर्चा देखकर हमारा भी मन होने लगा है चर्चा करने का। मिलेंगे आपसे मास्साब। चर्चा करेंगे वही चर्चा। क्या?...राम-राम। *(नलिनी की बाँहें पकड़कर चेयरमैन चाचा खींच ले जाते हैं)*

[महीपति अकेला दयनीय अवस्था में।]

महीपति : चेयरमैन साहब यानी नलिनी के चाचा, जब यहाँ आये तभी मेरे मन में सन्देह हुआ, माथा ठनका। जब वो नलू को खींचकर ले गये तभी सोचा, अब नलू फिर आने से रही। लेकिन नलू दूसरे दिन फिर कॉलेज आयी। नलू आती है, अपनी कुर्सी पर बैठ जाती है। महीपति आश्चर्य और आनन्द के भाव से उसे देख रहा है, तभी एक पूतना-सी नलू की बुआ *(अक्का)* आ पहुँचती हैं और नलू के बग़ल में बैठ जाती हैं।

महीपति : *(मेज़ के इस तरफ़ कुर्सी पर बैठकर उसे घूरकर देखते हुए।)* आप कौन?

अक्का : *(गरदन घुमाकर भारी मर्दानी आवाज़ में)* आप, आप क्या करते हो? औरतों की तरफ़ कैसे देखते हैं। लाज-शरम है कि नहीं।...

महीपति : *(कुछ नर्वस, उसकी ओर न देखते हुए)* कुछ काम है आपका यहाँ?

अक्का : तो फिर, बिना काम के कोई क्यों आयेगा यहाँ? *(गर्दन घुमा के नलू से)* पगला ही दिखता है।

महीपति : क्या काम है?

अक्का : मेरी भतीजी है यह। इसके साथ आये हैं हम।

महीपति : *(जानता है, मगर फिर भी...)* अच्छा ऐसा है।

अक्का : हाँ, और अब रोज़ ही उसके साथ आयेंगे।

महीपति : *(अनजान-सा)* वो क्यों?

अक्का : तुम्हारा थोबड़ा देखने। *(उसे चुप कराना चाहती है)* फिर। हमें किसी के बाप का डर है क्या यहाँ। वो क्यों पूछता है? तू कौन रे हमसे पूछने वाला? *(नलू उसे चुप कराने की कोशिश में)* मुझे इस तरह कोई पूछे रोके-टोके ये ज़रा भी नहीं सुहाता। हाँ... हम बताये देते हैं।

[स्टाफ रूम में प्रोफ़ेसर्स इकट्ठे होकर इनकी बातें सुनने को उत्सुक खड़े हैं, एकदम कान देकर।]

महीपति : *(दर्शकों से)* यानी ये पूतना फूफी नलू की पहरेदार थी, उसके चाचा द्वारा नियुक्त और अब नलू आगे भी उसकी पहरेदारी में ही रहने वाली थी। चेयरमैन चाचा ने इस तरह मुझसे दुश्मनी निभायी थी। नलू की इस पहरेदारनी...बल्कि पहाड़ का नाम था अक्का। ये चेयरमैन साहब की बहन थी जो बहुत साल पहले अपने पति को छोड़ चुकी थी। इसके बारे में बहुत कुछ सुना था।

(अब सब प्रोफ़ेसर एक के बाद एक अन्दर आते हैं।)

चौथा प्रो. : *(मज़े लेते हुए)* क्या पोरपारणेकर जी। हाऊ इज़ लाइफ?... हैं...।

पहला प्रो. : आपके डिपार्टमेण्ट में स्टाफ बढ़ गया है सुनते हैं।

तीसरा प्रो. : चाय पिलाओ भइया जी।

अक्का : *(भड़ककर)* चाय पीने के लिए क्या ये होटल है? *(सारे प्रोफ़ेसर चौंक जाते हैं)* क्या गड़बड़ मचा रखी है यहाँ। चाय-वाय कुछ नहीं, चलो हटो यहाँ से।

(सभी प्रोफ़ेसर मिमियाते से स्टाफ रूम से बाहर नलू उसे चुप कराने की कोशिश में) नहीं, लेकिन कुछ अनुशासन थोड़ी तमीज है कि नहीं इन भड़वों में। पढ़े-लिखे लगते हैं अच्छे खासे लेकिन...

(अब नलू और महीपति अक्का से बचकर एक-दूसरे को संकेतों से कम्युनिकेट करने की कोशिश करते हैं) पर अक्का ऐसा होने नहीं देती। नलू महीपति की ओर जिस खत को देना चाहती है उसे भी जब्त कर अक्का फाड़ देती हैं।

महीपति : नलू को घर में कैद करने के बजाय, उसे नज़रबन्द करने का ये उपाय खोज निकाला था चेयरमैन चाचा ने। नलू पर सेंसरशिप। एक आदर्श सेंसर की तरह ये अक्का हमेशा सतर्क, जगी हुई, जागरुक और साथ ही बदतमीज भी।

(नलू और महीपति बेहद असमंजस में) नलू के साथ ही ये जायेगी और उसके साथ ही आयेगी और जब नलू क्लास में होगी तब तक ये मेरे सामने, सींग उठाये।

[नलू किताब, चॉक, डस्टर लेकर जाती है।]

(महीपति अक्का की ओर देखते हुए) पहले सोचा, देखते हैं फुसलाने से पिघलती हैं क्या? *(महीपति अक्का से)* क्या बुआ जी, चाय वग़ैरह पियेंगी क्या?

(अक्का सिर्फ़ ठण्डेपन से देखती है) और नहीं तो कुछ ठण्डा?

(फिर वही ठण्डापन) कोई प्रतिक्रिया नहीं। जेब से सुपारी निकालकर, लीजिए सुपारी। *(फिर वही)* महीपति सुपारी रखकर तम्बाकू की डिबिया निकालकर हाथ पर लेता है।

अक्का : कौन-सी तम्बाकू है?

महीपति : दस नम्बरी...क्यों?

[अक्का उठकर उसके हाथ से डिबिया लेकर सूँघती है फिर थोड़ी तम्बाकू निकालकर डिबिया टेबल पर रखती है। तम्बाखू घिसकर मुँह में फाँकती है। फिर पहले जैसा बैठ जाती है। महीपति यह सब अचरज से देखता है।]

अक्का : देखते क्या हो? हैं...। क्या देखते हो तुम? कोई सिनेमा हो रहा है, क्या यहाँ?

[महीपति मजबूर होकर नज़र हटा लेता है। घण्टी बजती है। नलू किताब, चॉक लिए वापस आकर अपनी जगह बैठ जाती है।]

महीपति : *(प्रयत्नपूर्वक)* नलू, कमाल करती हैं बुआ जी।

बुआ (अक्का) : *(महीपति को टोकते हुए)* उसे क्या बताते हो, हमसे कहो जो कहना है।

महीपति : *(हैरान) (दर्शकों से)* दिन-ब-दिन हालात कठिन होते गये। जहाँ देखो तहाँ बुआ की बला नलू को घेरे रहती। स्टाफ रूम में अफ़वाहों का बाज़ार गर्म हुआ जा रहा था कि मेरे लिए विदाई का हार तैयार है, बस सवाल इतना था कि वो हार मुझे किस रोज़ पहनाया जायेगा। कुल मिलाकर यह तय था कि अब आगे क्या होने वाला है। बैक टू ईश्वरभाई। लेकिन फिर मैंने सोचा, अब किसलिए ख़ामोश रहना? साला अगर मरना ही है तो क्यों नहीं दो-चार को घायल करके मरूँ। हर-हर महादेव। और एक दिन तय किया... *(पोज़ीशन लेकर)* बुआ जी, कृपया थोड़ी देर के लिए आप बाहर जायेगी? *(बुआ अविश्वासपूर्वक सिर्फ़ देखती है)* आपसे ही कह रहा हूँ।

अक्का : वो किसलिए?

महीपति : किसलिए-विसलिए कुछ नहीं। मेरा आदेश है, बाहर जाइए।

अक्का : तेरा आदेश!

महीपति : हाँ, मेरा आदेश, हुक्म ऑर्डर।

अक्का : तुम कौन होते हो ऑर्डर देने वाले।

महीपति : यहाँ हेड ऑफ़ द डिपार्टमेण्ट मैं हूँ न।

अक्का : कौन?

महीपति : हाँ, यहाँ का ऑफ़िसर मैं हूँ।

अक्का : हमारा भाई चेयरमैन है यहाँ का।

महीपति : मेरा मामा गवर्नर है, राज्यपाल।

अक्का : होंगे—उनका यहाँ क्या काम?

महीपति : फिर आपके भाई का यहाँ क्या काम?

अक्का : ये सब कुछ उसका ही है, वही देखता है।

महीपति : होगा। ये जो डिपार्टमेण्ट है न, उसे मैं देखता हूँ। यहाँ का चेयरमैन मैं हूँ। आई आर्डर यू, टू गो आउट फ़ॉर सम टाइम।

अक्का : *(शायद अंग्रेज़ी असर कर गयी, थोड़ी देर से उठते हुए)* चलो नलू।

महीपति : नहीं, ये यहीं रहेगी।

अक्का : और मैं।

महीपति : आप अकेली बाहर जाओ।

अक्का : *(दोनों हाथ कमर पर रखते हुए)* क्या करने वाले हो?

महीपति : डिपार्टमेण्ट का काम।

अक्का : फिर मेरे सामने करो न।

महीपति : वो ज़रा प्राइवेट है।

अक्का : चलेगा।

महीपति : ठीक है, आप बैठो यहाँ। नलू, नलिनी मैडम, हम बाहर जायेंगे।

अक्का : *(उठते हुए)* मैं भी साथ चलूँगी।

महीपति : *(मेज के ड्रावर से एक बड़ा-सा चाकू निकालता है)* आपको नहीं आना है। *(सट से चाकू खोलता है)*

अक्का : *(ज़रा घबराकर)* क्या करेगा तू?

महीपति : *(खुला चाकू हाथ में लेकर बुआ की ओर आता है)* आप बाहर जाती हो या...?

अक्का : जाती हूँ...। *(दरवाज़े तक जाती है)*

महीपति : *(घूमकर उस चाकू से पेंसिल छीलने लगता है)* थैंक यू। *(बुआ बाहर निकल जाती है। नलू तत्काल उठकर महीपति से लिपट जाती है)*

महीपति : नलू, अरे नले, ओ नली, ज़रा सब्र भी करो। *(चॉक रखता है)*

(दर्शकों से) उस समय इन दो मिनटों में जो कुछ भी हुआ, उसे बयान नहीं किया जा सकता। लेकिन जो कुछ भी हुआ, उसे एक नहीं, बल्कि दो-दो प्यून ने देखा और बुआ जी ने उसी तरह कुछ सच-कुछ झूठ अपने चेयरमैन भाई को बताया। ये सब तो होना ही था।

[नलू बग़ैर पीठ दिखाये एक-एक क़दम चलकर भीतर चली जाती है।]

महीपति : नलिनी अण्डर हाउस अरेस्ट। घर से बाहर निकलने पर पूरी पाबन्दी है। यह भी सम्भव था कि जोरदार डाँट-डपट के साथ मारपीट भी होती हो। अब उसका चेयरमैन चाचा फटाफट कोई फ़ैसला कर सकता था और इसीलिए मुझे भी कुछ फ़ैसले युद्धस्तर पर करने थे। मेरे पास संगृहीत नलू के वे 14 प्रेमपत्र अब सबसे महत्त्वपूर्ण थे और वो पत्र मुझसे छीनने-उड़ाने की भी कोशिश हो सकती थी। इसलिए उस अहम सबूत को मैं सीने से लिपटाकर यानी अण्डरवियर की चोर जेब में हिफ़ाज़त से रखने लगा और एक दिन बबन्या को जा पकड़ा।

(बबन्या झुका-झुका सा आकर खड़ा हो जाता है, थोड़ा पिये हुए है) अबे बबन्या, साले भड़वे।

बबन्या : *(आस्तीन ऊपर करते हुए)* कौन? *(देखकर निराश होते हुए)* अच्छा आप हैं।

महीपति : बबन्या आज तक मैंने तुम्हें कोई कसम दी? बोलो दी?

बबन्या : नहीं दी होगी। बोलो।

महीपति : नहीं, सच में दी क्या बोलो?

बबन्या : अरे नहीं दी होगी—यहाँ कौन हिसाब रखता है।

महीपति : मेरे लिए फलाँ काम करो, ऐसा कभी कहा मैंने, ऐसा कभी याद पड़ता है तुम्हें। एक बार का भी कहा याद है।

बबन्या : अरे भैंचो, आप क्या हमें इम्तिहान में बैठा रहे हो।

महीपति : अगर कभी कहाँ हो तो याद करके बताओ।

बबन्या : सच बताऊँ क्या? तो फिर उसमें समय लगेगा।

महीपति : अगर मैंने कभी कुछ कहा ही नहीं तो तुम याद करके भी क्या बताओगे?

बबन्या : फिर आप ही तो पूछ रहे हो बार-बार? क्या मास्साब पी रखी है क्या?

महीपति : मैंने? नहीं। लेकिन बबन्या, तुम्हारे जैसे बिज़ी आदमी को तकलीफ़ देना, मुझे रास नहीं आता, वो भी मेरे काम के लिए।

बबन्या : हमने भी कब कहा कि तकलीफ़ दो।

महीपति : बात अगर मामूली होती तो देता भी नहीं।

बबन्या : अच्छा ये बात है!

महीपति : लेकिन क्या करूँ। तुम्हें तकलीफ़ देनी ही पड़ेगी। मामला ही कुछ ऐसा है। मैं एक घोर संकट में घिर गया हूँ। क्या करें कुछ समझ में नहीं आ रहा। दिशाभूल होती है न? कुछ वैसा ही हुआ है।

बबन्या : भैंचो ये क्या होता है?

महीपति : क्या हुआ?

बबन्या : अपना भी कुछ ऐसा ही हुआ है। थोड़ी ज़्यादा हो गयी।

महीपति : तुम्हारा ठीक है रे, उतर जायेगी। लेकिन मेरा प्रॉब्लम वैसा नहीं है।

बबन्या : गांजे के अड्डे पर गये थे क्या? दारू से काम नहीं बना तो गांजा खींचने लगे क्या मास्टर? आप खासे एज्यूकेटेड आदमी कहलाते...।

महीपति : अरे ये सब वो नहीं है। इतना सीधा नहीं है मामला। ये मामला बहुत ही कॉम्प्लीकेटेड है, बहुत उलझा हुआ है। तुम्हें नलू याद है न? नलू, चेयरमैन साहब की भतीजी, बे।

बबन्या : हाँ, आपका-उसका लफड़ा चल रहा है। सुना है हमने।... *(हाथ जोड़ता है)* अब अच्छे खासे पढ़े-लिखे आप–प्रोफ़ेसर, और ये सब शोभा देता है क्या आपको? हैं बताओ। हमारे माफ़िक ये सब लफड़ा करते अच्छा लगता है क्या? हैं...धत्त तेरे की।

महीपति : *(ज़रा नर्वस होकर)* मुद्दा वो नहीं है।

बबन्या : नहीं कैसे। है ही।

महीपति : ठीक है, अगर है भी तो अभी उस पर बात करने का वक़्त नहीं।

बबन्या : है ही, देखिए, एज्युकेटेड लोग हैं आप।

महीपति : *(ज़रा बौखलाकर)* बबन्या। यहाँ एजुकेशन का सवाल नहीं है। कुछ बातें हर एक के लिए समान होती हैं।

बबन्या : पर एजुकेशन...मा...।

महीपति : *(बबन्या का मुँह पकड़कर)* मेरी बात सुनो पहले। बीच-बीच में बोलना मत। *(मुँह छोड़कर)* ये मेरे जीने-मरने का सवाल है। मेरी नौकरी छूटने की नौबत आन पड़ी है। नलू को घर में ही क़ैद कर लिया गया है। अगर उसके साथ मेरी शादी हो जाये फटाफट, तभी ये संकट टलने वाला है। मैं क्या कह रहा हूँ कुछ समझ रहे हो न तुम? नलू से एकबारगी मेरी शादी हो गयी तो चेयरमैन हाथ में आ जायेंगे। अटक जायेंगे नली के चाचा। फिर तो वो खानदान की इज़्ज़त का सवाल बन जायेगा। फिर मुझे नौकरी से कैसे निकाल सकेंगे क्योंकि मैं उनका दामाद बन जाऊँगा। फिर झक मार के मुझे रखना ही पड़ेगा। इतना ही नहीं, हो सकता है कि प्रिंसिपल ही बना दें। अपना दामाद मामूली प्रोफ़ेसर ये भी तो खानदान की शान के ख़िलाफ़ होगा। कम-से-कम वो प्रिंसिपल तो होना ही चाहिए। अलावा इसके सोसायटी का लाइफ मेम्बर भी। वो तो होना ही चाहिए। *(यह समूची कल्पना ही आनन्दित कर देती है)*। बबन्या दिखायी नहीं दे रहा) बबन्या अरे बब...भड़वे, कहाँ गया? अरे ओ बबन्या...।

बबन्या : हूँ मैं यहीं, चलने दो आपकी कथा।

महीपति : तो यही एक रामबाण इलाज है। नलू के संग मेरी शादी। कुछ भी हो, कैसे भी करके चेयरमैन के खानदान से शरीर सम्बन्ध। वो भी तत्काल।

बबन्या : क्या कहा?

महीपति : तत्काल—यानी तुरन्त।

बबन्या : ठीक है पक्का।

महीपति : पक्का यानी क्या?

बबन्या : हो जाने दो।

महीपति : लेकिन क्या?

बबन्या : वही यानी सम्बन्ध उर्फ़ मैरेज।

महीपति : कैसी होगी। तुम्हारी मदद के बिना कैसे होगी?

बबन्या : हैं, क्या कहा?

महीपति : तुम्हारी मदद के बिना ये सम्भव नहीं है, यही कहा।

बबन्या : ऐसा ही है तो फिर कोई बात नहीं। हर्जा नहीं।

महीपति : क्या कोई बात नहीं?

बबन्या : दिया।

महीपति : दिया।

बबन्या : हाँ दिया।

महीपति : तो फिर एक काम करो।

बबन्या : किया।

महीपति : मज़ाक मत करो। सच...

बबन्या : *(कलाई पकड़ते हुए)* हमने कभी मज़ाक किया है?

महीपति : वो मतलब नहीं है।

बबन्या : बताओ हमने कभी मज़ाक किया क्या?

महीपति : अरे, वो मतलब नहीं भाई।

बबन्या : लेकिन हमने कभी किया मज़ाक, बताओ मास्साब? पहले मुझे जवाब दो। मज़ाक किया क्या? हाँ कहने वाले का थोबड़ा तोड़ के धर देंगे यहीं।

महीपति : नहीं किया।

बबन्या : अब चालू करो कथा *(कलाई छोड़ देता है)*

महीपति : एक बात में तुम्हें मेरी मदद करनी पड़ेगी।

बबन्या : शरीर सम्बन्ध?

महीपति : राइट।

बबन्या : किससे, किससे बनाना है।

महीपति : नहीं, नहीं, तुम्हें नहीं करना है। मुझे बनाना है। ये शब्द अच्छा नहीं है। शादी, शादी बनानी है। नलू से यानी नलिनी से, मुझे...।

बबन्या : *(लम्बी साँस लेकर)* तो करो।

महीपति : इसके लिए उसे भगाना पड़ेगा।

बबन्या : *(डाकं)* क्या कहा?

महीपति : नलिनी है न, उसे भगाना...।

बबन्या : *(काँपने लगता है)* मुझे पकड़ो *(महीपति पकड़ता है)* अब दूसरा कुछ कहो।

महीपति : दूसरा और क्या कहना है?

बबन्या : बाप निकाल बाहर करेगा घर से। हमारे रिश्तेदार हैं न वो, मास्साब।

महीपति : *(क्षण भर के लिए पंक्चर फिर)* लेकिन तुम भूल रहे हो बबन्या, ये तुम ख़ुद अपने लिए नहीं मेरे लिए करोगे।

बबन्या : अच्छा ऐसा है!

महीपति : और फिर किसी को कानोंकान ख़बर भी नहीं होगी।

बबन्या : शरीर सम्बन्ध करने के बाद भी।

महीपति : शरीर...अरे, वो कई दिनों के बाद। पहले शादी, वैदिक पद्धति से। उसके बाद जोड़े से चेयरमैन साहब का आशीर्वाद लेने के लिए हाज़िर। एक बार शादी हो गयी तो फिर वो क्या कर लेंगे। शी इज़ ए मेजर—अपनी नलू।

बबन्या : अपनी?

महीपति : वही—मानो मेरी।

बबन्या : तो वैसा कहिए न। हम तो कान पकड़ चुके।

महीपति : तो फिर करोगे न मदद? भगा लाओगे न नली को। तुम्हारे सिवाय इस काम में और दूसरा कौन मदद कर पायेगा? है कोई भला?

बबन्या : *(सिर खुजलाते हुए)* बाप घर से बाहर कर देगा।

महीपति : चाहो तो मैं उनसे बात करता हूँ।

बबन्या : एक तमाचा रसीद करेगा आपको।

महीपति : तो फिर नहीं बात करता। लेकिन मेरी इतनी मदद तो करो न बबन्या। सहयोग के लिए बढ़ाया मेरा हाथ तुम झटकोगे नहीं, मुझे पूरा भरोसा है। तुम अपने गुरु मास्साब के लिए क्या इतना भी नहीं करोगे भड़वे। 'गुरुर्देवो भव' यह हमारी भारतीय संस्कृति में कहा गया है। गुरु की इच्छा पूरी करना महान पुण्य का काम माना गया है। गुरुदक्षिणा समझकर तुम ये काम पूरा करो।

[हृदयस्पर्शी चेहरा और स्वर]

बबन्या : *(थोड़ा ठहरकर)* नहीं, बाप घर से बाहर निकाल देगा। *(हताश होकर)*

(कुरुक्षेत्र में अर्जुन की तरह)

महीपति : *(एकदम जैसे कृष्ण ही उतर आये हों)* बाप-बाप। क्या एक-सी बाप के नाम की रट लगी रखी है। पौने आठ साले। बाप क्या सिर्फ़ तुम्हारा ही है और किसी का बाप नहीं है

क्या? और तेरा बाप ऐसा कौन-सा दारासिंह है कि उसके आगे तू इतना लाचार है। सरपंच ही तो है, होगा। हर गाँव में किसी न किसी का बाप सरपंच होता है। घर से निकाल देगा तो क्या हो जायेगा? कौन-सा आसमान फट पड़ेगा? गांडू कहीं के। ऐसा क्या होगा अगर होगा भी तो बस ये बाप की सरपंचगिरी पर तुम्हारी उड़ानें बन्द हो जायेगी। तो फिर। तुम्हारा या किसी और का भी बाप क्या ज़िन्दगी भर सरपंच रहता है। और जब वो सरपंच नहीं रहेगा तो क्या तेरी फटके हाथ में नहीं आ जायेगी। बेहतर है कि आज ही बाप की सरपंचगिरी पर लात मार कर अपने पैरों पर खड़े होने में क्या बिगड़ने वाला है। कुछ दिन तकलीफ़ उठानी पड़ सकती है। मुफ़्त के गुलछर्रे उड़ाना बन्द हो जायेगा। लेकिन साले स्वाभिमान की ज़िन्दगी तो जिओगे। स्वधर्मे निधनं श्रेयः परधर्मो भयावह...। बाप के दम पर ज़िन्दगी गुज़ारने से बेहतर अपने दम पर जीना, मर्द का धर्म है। यही भगवान ने गीता में बताया है तो वो क्या कोरी बकवास है। *(अचानक कुछ याद करते हुए)* हमारे शिवाजी महाराज गो ब्राह्मण प्रतिपालक, क्षत्रिय कुल वंशज, छत्रपति शिवाजी महाराज।

बबन्या : *(ऊँचे स्वर में) की जय (मुज़रा करता है)*।

महीपति : अबे सिर्फ़ जयकारे से क्या होगा। छत्रपति क्या बाप के दम पर जिया? *(बबन्या पर बातों का असर हो रहा है)* उनका बाप कोई फालतू सिपहसालार था कि प्राध्यापक था; वो था सरदार आदिलशाही राज में। लेकिन छत्रपति ने कहा, नहीं।

बबन्या : नहीं।

महीपति : हाँ, नहीं बाप के बल पर नहीं जियेंगे।

बबन्या : नहीं जियेंगे।

महीपति : छत्रपति ने कहा नहीं।

बबन्या : नहीं।

महीपति : गुलामी की रोटी नहीं खायेंगे।

बबन्या : नहीं खायेंगे।

महीपति : छत्रपति शिवाजी बाहर निकले और उन्होंने स्वराज्य स्थापित किया।

बबन्या : हाँ, अपने बाप से आगे। आगे कहो।

महीपति : अगर उन्होंने बाप की सरदारगिरी का लालच किया होता तो...

बबन्या : तो हमारे जैसी हालत हो जाती।

महीपति : राइट यू आर। लेकिन नहीं।

बबन्या : नहीं।

महीपति : आख़िरकार वो छत्रपति थे।

बबन्या : और हम ठहरे निकम्मे।

महीपति : हाँ, मगर इससे क्या? हर कोई तो छत्रपति नहीं बन सकता।

बबन्या : नहीं।

महीपति : तब भी बाप के दम पर जीना...

बबन्या : हरामीपन है न?

महीपति : करेक्ट।

बबन्या : छोड़ दिया।

महीपति : क्या छोड़ दिया?

बबन्या : गाल बजाना। अब हम करेंगे।

महीपति : क्या करेंगे?

बबन्या : शरीर सम्बन्ध स्थापित।

महीपति : अबे नहीं, तुम हमारी मदद कर रहे हो। नलू को भगा लाओगे।

बबन्या : करेक्ट। नलू को *(ज़रा हिचकते फिर सँवरते हुए)* भैंचो भगा लायेंगे।... यानी नलू को ही भगा लायेंगे। उसकी मइयो—यानी मइयो को नहीं।

महीपति : *(गद्गद होकर)* बबन्या। बबन्या यू आर ग्रेट।

बबन्या : *(चिन्तित होकर)* लेकिन बाप को पता नहीं चलना चाहिए।

महीपति : वो तुम मुझ पर छोड़ो। तुम भगाकर लाओ और मेरे हवाले करके छूटो। बाकी आगे का मैं देख लूँगा। अरे नलू भी आख़िर अपनी ही है। यानी मेरी। वो थोड़े ही तुम्हारा नाम तुम्हारे बाप को बतायेगी। वो सब मैं सँभालता हूँ।

बबन्या : सँभालो।

महीपति : अब भगाने का प्लान। *(धीमे स्वर में)* सुबह का समय सबसे अच्छा है। उस वक़्त नलू अकेली घर से बाहर निकलती है। महमूद की प्राइवेट टैक्सी तैयार रखनी है। और मुँह-अँधेरे नलू को उठाकर छू...।

बबन्या : वो अपना ज़िम्मा।

महीपति : बीच में कहीं रुकना नहीं। उसे पूरा प्लान नहीं पता, इसलिए शायद चीखे चिल्लाये। मगर तुम परवाह मत करना। सीधा पंढरपुर पहुँचना। वहाँ मैं सारी तैयारी के साथ मौजूद रहूँगा। नली के पहुँचते ही सीधे मन्त्रोच्चार और फिर भाँवरें।

बबन्या : सावधान! मास्टर साहब।

महीपति : *(चौंककर)* क्या हुआ?

बबन्या : कुछ नहीं, फिर उसके आगे शुभ लग्न सावधान ही तो होता है। क्या मास्साब, क्या हमें पता नहीं?

महीपति : शाबाश! हो तो होशियार।

बबन्या : आप भी।

महीपति : बस अब आगे का मैं देख लेता हूँ।

बबन्या : पक्का। लेकिन बाप को पता न चले बस। मुफ़्त में घर से बाहर हाँक दिये जायेंगे। भैंचो आप शरीर-सम्बन्ध बनाओगे और हमारे सम्बन्ध घर से टूट जायेंगे। आगे...

महीपति : ऐसा नहीं होगा। मेरी ज़िम्मेदारी।

[दोनों हाथ मिलाते हैं। महीपति हाथ पर हल्की फूँक मारता है। पार्श्व में सुबह का प्रकाश झलकता है। नलिनी एक ओर बैठी हैं हाउस अरेस्ट की मुद्रा में। सभी प्राध्यापक दूसरी ओर क़तार में खड़े हैं। स्त्रियोचित विरह गीत गुनगुनाते हुए। फिर सब अन्दर जाते हैं। बबन्या आकर बैठ जाता है और एक फ़िल्मी गीत गाते हुए हिचकी लेता है।]

[अब प्रकाश धीमा होता है। बबन्या का गाना बन्द। नलिनी धीरे-धीरे अन्दर जाने लगती है। बबन्या उसे मन्द उनींदी आँखों से देख पा रहा है। वो तैयार होता है और एकदम से उसे पकड़ लेता है। उसका मुँह दबाता है। वो उसके सिर पर चोट करती है। लेकिन

बबन्या बग़ैर डगमगाये उस पर कम्बल डालता है और मय-कम्बल उसे कन्धे पर उठाकर अन्दर चला जाता है। टूरिंग टैक्सी के स्टार्ट होने की आवाज़।]

[अब दूसरी ओर से स्टेज पर महीपति दूल्हा बना आता है, साथ में दो पण्डित जी विवाह की सामग्री लिए प्रवेश करते हैं। ये सब तैयारी और स्टेज पर प्रकाश बढ़ता है। सब इन्तज़ार में। पार्श्व में प्राध्यापकगण के स्वर में प्रसंगस्वरूप स्त्री गीत। बबन्या कम्बल में लिपटी फिगर लेकर हाँफता हुआ आ पहुँचता है।]

बबन्या : *(महीपति के सामने कन्धे से पटकते हुए)* लो, मइयो की। लो अपनी गुरुदक्षिणा। *(बैठकर)* हमारा-आपका हिसाब अब चुकता गया। *(सिर सहलाता है)*

महीपति : *(गद्‌गद होकर)* बबन्या, बबना, अरे बबन साहब, बबन देव। शाबाश, शाबाश!

बबन्या : मर गया बबनदेव भैंचो। तांबे का लोटा जड़ दिया हमारे माथे पर, सुबह-सुबह तारे नज़र आने लगे। मास्साब। वैसे ही टैक्सी में डाला और ले आया। और भैंचो वजन भी कोई काम था क्या?

[महीपति कम्बल हटाता है और देखता है कि सामने, अमेज़ॉन बुआ जी। मुँह में कपड़ा ठुँसा। हाथ-पैर बँधे। बेहद गुस्से में—कुछ कहने की कोशिश में।]

महीपति : *(भयभीत होकर)* कौन-कौन *(चक्कर खाकर गिरते हुए)* बुआ जी।

बबन्या : *(अचम्भित खड़ा देख रहा है)* मइयो के *(माथा पकड़ लेता है)*

महीपति : पुरोहित द्वारा जूता सुँघाने पर होश में आकर बैठता है, पानी माँगता है। *(पुरोहित पानी पिलाते हैं।)* और पानी।

पुरोहित : यजमान मुहूर्त की वेला हो गयी। मण्डप में चलिए।

महीपति : मण्डप में *(फिर चक्कर खाकर गिर जाता है, पुरोहित सँभालते हैं)* गढ़ आया पर सिंह गया।

पुरोहित : कन्या को वेदी पर खड़ा करें।

महीपति : भड़वे, भैंन के सब सत्यानाश, धोखा किया।

बबन्या सिर पकड़े बैठा है। *(बुआ जी मुँह में ठुँसे कपड़े और बँधे हुए हाथ-पैर की अवस्था में कुछ बोलने की कोशिश में)* अबे इस वास्ते तप किया था हमने। हमारी तपस्या का ये फल।

पुरोहित : यजमान, मुहूर्त उत्तम है। ऐसा मुहूर्त अगले 13 साल फिर नहीं आयेगा।

महीपति : चुप *(बबन्या से)* इसी वास्ते तुम पर भरोसा किया नालायक। तेरी आँखें फूटी थीं क्या? उसे छोड़ आये और इसे उठा लाये। इसे?

बबन्या : *(बिना शर्म)* भैंचो ग़लती हो गयी मास्साब। लो ये जूता और मारो पचास। बस, हम आगे कुछ न कहेंगे। *(घिघियाते हुए)* पर बस हमारे बाप को पता न चले।

महीपति : *(थूक गुटककर)* पहले ये बोल कि इसका क्या करें? *(बुआ की ओर इशारा)*।

पुरोहित : यजमान मूहर्त निकल...।

महीपति : एकदम चुप *(बबन्या से)* एक तो शादी का सब प्लान चौपट। ऊपर से ये संकट। इसका भाई, वो चेयरमैन हल्ला मचा रहा होगा। पुलिस रिपोर्ट करेगा। इसे भगाने के अपराध में अरेस्ट। इसे...।

बबन्या : *(कमज़ोर आवाज़ में)* कहा तो मास्टर साहब कि ग़लती हो गयी।

महीपति : अबे ग़लती की औलाद। गधे साले, ग़लती क्या हो गयी। प्रोफ़ेसरी तो गयी अपनी। उस पर पुलिस, पुलिस चौकी। प्रो. पोरपारणेकर चेयरमैन की इस विधवा बहन को भगाने के जुर्म में अरेस्ट। साले तूने कहीं का नहीं रखा। *(बुआ पर ही चिल्लाता है—चुप्प)*।

उसी क्षण बुआ के मुँह में ठुँसा कपड़ा बम फूटने की तरह बाहर आ गिरता है बबन्या उसे उठाकर हड़बड़ाकर फिर उसके मुँह में ठूँस देता है। ऐसा करने में बुआ उसका हाथ काट लेती है बबन्या कसमसाता है और गुस्से में बुआ पर हाथ उठाता है।

महीपति : अबे हाथ क्या उठाता है और एक धारा लग जायेगी। ज़िस्मानी नुकसान पहुँचाने के एवज़ में फिर तो जेल पक्की।

बबन्या : *(महीपति के पैर पकड़कर)* सर, मास्साब, बचाओ हमें। अब हमारी खैर नहीं। बाप को पता चलेगा तो घर के बाहर निकाल देगा मास्साब।

महीपति : निकाले वही ठीक, तुम उसी लायक हो।

बबन्या : *(करुणा भरे स्वर में)* अब मेरा क्या होगा मास्टर साहब!

महीपति : *(एकदम बदले भरे स्वर में)* बबन्या कोशिश छोड़ देने से कैसे चलेगा? लड़ाई तो पूरी लड़नी चाहिए। अब आधे में मैदान छोड़ना ठीक नहीं। करेंगे या मरेंगे बस। बचेंगे तो और भी लड़ेंगे। वन्दे मातरम्। भारत माता की जय। ईश्वरभाई की जय।

[एक ओर प्राध्यापकों का दल आकर जोरदार मार्चिंग साँग का एक अन्तरा गाकर लौट जाता है।]

महीपति : *(सुदर्शन चक्रधारी श्रीकृष्ण का पोज़ बनाकर गम्भीर मुद्रा में)* बबन उठ, उत्तिष्ठत।

बबन्या : लेकिन मेरे बाप को...।

महीपति : तेरे बाप की... बैल की दुम। उठ पहले *(बबन्या उठता है)* जा।

बबन्या : जाऊँ।

महीपति : यानी वापस जाओ।

बबन्या : वापस जाऊँ।

महीपति : लेकर जाओ।

बबन्या : क्या लेकर जाना है?

महीपति : जो लेकर आये हो।

बबन्या : *(बुआ की ओर देखकर भयभीत)* मर गया।

महीपति : जो लाये हो, जहाँ से लाए हो वैसा का वैसा वहाँ पहुँचा कर आओ।

बबन्या : फिर उसके बाद?

महीपति : मरो, जहन्नुम में जाओ।

बबन्या : क्या कहा।

महीपति : चाहो तो न मरो, जो चाहे करो। लेकिन पहले ये पार्सल अपनी जगह वापस जाना ही चाहिए।

बबन्या : फिर सत्यानाश।

महीपति : जल्दी करो।

बबन्या : क्या जल्दी।

महीपति : जल्दी निपटाओ। समय बर्बाद करने से काम नहीं चलेगा।

बबन्या : घर वापस पहुँचकर ये चिल्लायेगी नहीं? सभी कुछ बतायेगी, अपने... को यानी हमारा आपका सूपड़ा साफ़।

महीपति : वो तो अब वैसे भी अटल है।

बबन्या : मैं कहता हूँ, ऐसा क्यूँ न करें? इसकी जीभ काट दें। यानी फुल नहीं सिर्फ़ हाफ?

महीपति : किसकी? तुम्हारी।

बबन्या : अरे मास्टर साहब, इसकी।

महीपति : तुम गधे हो।

बबन्या : *(सिर खुजलाकर)* क्यों न मास्साब आप इसके संग ही, मैं कहता हूँ क्यों नहीं...।

महीपति : क्या?

बबन्या : सम्बन्ध?

महीपति : इसके साथ। बबन्या शरीर क्या पत्थर का कोयला है जो चाहे जिस भाप के इंजन में झोंक दो। शरीर यानी बहुत बड़ी चीज़। बड़े भाग मानुस तन पावा। चेयरमैन अपनी भतीजी का रिश्ता मेरे संग करने को तैयार नहीं, वो क्या अपनी बहन के साथ मेरा रिश्ता मंजूर करेगा। सम्भव नहीं। नौकरी तो पक्का जायेगी अब।

बबन्या : तो फिर अब?

महीपति : फिर वही—माल जहाँ के तहाँ लौटा आओ।

बबन्या : *(अपने कन्धे छूकर)* बहुत वजनी है मास्साब।

महीपति : तुमसे कहा किसने कि हल्की छोड़कर वजनी उठा लाने को। साले बोलता क्यों नहीं...।

बबन्या : ग़लती हो गयी, सच।

महीपति : अब भुगतो इसका फल। चलो निबटाओ।

बबन्या : आप भी ख़ूब मिले मास्साब हमें। आपकी ख़ातिर ही सब किया।...भैंचो।

महीपति : लेकिन सब ग़लत।

बबन्या : वो भी ठीक है। चलो बबन राव वापस चलो। *(बुआ को कन्धे पर उठाकर)* बाप भी अब घर में नहीं रखेगा। हम बता रहे हैं।

महीपति : जगत में जिसका कोई नहीं उसका रखवाला राम। बबन्या—वो सरपंचदेव, तुम्हारी रक्षा करे।

[बबन्या माथा ठोक बोझ सहित अदृश्य होता है।]

महीपति : गया, बबन्या गया। बुआ सहित अदृश्य हो गया। अब एक बड़ी गड़बड़ होने की पूरी आशंका थी। शायद चेयरमैन साहब के घर, वो अब तक शुरू भी हो गयी होगी। नलू भी उसमें शमिल होगी। बुआ जी का क्या हुआ। बुआ जी वहाँ पहुँचते ही एक महान रहस्य का पर्दाफ़ाश करने वाली थीं। उन्हें मैंने और बबन्या ने भगाया। इस पर नलू का चाचा तो हाय-तौबा मचाने वाला था ही। लेकिन नलू भी आग-बबूला होने वाली थी। मैं और बुआ जी का अपहरण? बबन्या को उसकी इस भारी भूल के लिए जितनी गालियाँ दी जायें, कम ही होगीं। लेकिन गाली देकर भी अब क्या फ़ायदा होने वाला था। अब आगे क्या? वो ज़्यादा महत्त्वपूर्ण था। एक मुठभेड़ में पिट गया तो क्या, अभी लड़ाई तो जारी थी। हार नहीं हुई थी। लड़ेंगे और मरेंगे। अभी 14 चिठ्ठियाँ बाकी थीं। *(अपना अण्डरवियर टटोलता है)* इन चिट्ठियों के बूते नली के खानदानी चाचा को ब्लैकमेल करना कोई बहुत मुश्किल नहीं था। ठीक है वो भी करेंगे। लेकिन ज़िन्दगी में बामुश्किल हासिल की हुई प्रोफ़ेसरी यूँ ही आनन-फानन में हाथ से नहीं जाने देंगे। *(अण्डरवियर में से चिट्ठियाँ निकालकर रुपये की तरह गिनता है और फिर अण्डरवियर में रख लेता है। परेशान है। दो-चार तीलियाँ बर्बाद कर सिगरेट सुलगाता है)* इतने में प्रिंसिपल आते हैं। खखारते हैं। चौंककर कौन *(शौक़िया विलेन का पोज़ बनाकर)* आप?

आज इधर का रास्ता कैसे भूले? *(कश लगाता है। खाँसी आ जाती है। प्राचार्य उसका सीना सहलाते हैं।)*

प्राचार्य : नये-नये ही सीखे हो कश लगाना, शायद। सिगरेट मत पिया करो। कैंसर हो जाता है। *(पैकेट उठाकर उस पर लिखी चेतावनी दिखाते हैं।)*

महीपति : थैंक यू *(सिगरेट न बुझाते हुए)* आप इधर कैसे?

प्राचार्य : कुछ नहीं, यूँ ही इस तरफ़ से गुज़र रहा था, सोचा पूछताछ करता चलूँ।

महीपति : किस बात की पूछताछ?

प्राचार्य : किस बात की? अरे पूछताछ और किस बात की। आपकी ही।

महीपति : मेरी। मेरी पूछताछ किसलिए मैं कोई बीमार-बिमार हूँ या मैंने कोई बच्चा जना है?

प्राचार्य : *(हँसकर)* हैं, हैं, हैं, बहुत मज़ाक सूझता है आपको। आया तो क्या ग़लती हो गयी। अगर ऐसा है तो वापस लौट जाता हूँ। *(उठने का नाटक करते हुए फिर बैठ जाते हैं)*

महीपति : क्या हुआ?

प्राचार्य : मज़ाक रहने दो। पहले ये बताइए आप कैसे हैं मि. पोरपारणेकर?

महीपति : वैसे तो ठीक हूँ। मगर आपके पूछने से लगा कि कहीं बीमार न पड़ जाऊँ।

प्राचार्य : भाई हमें आपका बहुत ध्यान रहता है। *(ज़रा लम्बी साँस लेकर)* सच कहूँ तो जानबूझ कर आया हूँ।

महीपति : वो तो जब आपने कहा—यूँ ही इधर से..., मैं तभी समझ गया था।

प्राचार्य : आप शायद नहीं जानते, आप शायद विश्वास भी न कर सकें, ये भी हम जानते हैं लेकिन शुरू से ही मैं आपका हितचिन्तक हूँ।

महीपति : और ये आप मुझे इतनी देर से बता रहे हैं।

प्राचार्य : सभी बातें बताने की नहीं होतीं भाई। लेकिन मुझे बहुत दुःख हो रहा है, पोरपारणेकर। दुःख यानी बहुत ही ज़्यादा दुःख *(लम्बी साँस लेकर)*

महीपति : क्या हुआ? हुआ भी क्या है? मुझे नौकरी से निकाल दिया है? यही न? *(थूक गुटककर)* फिर आप सीधा क्यूँ नहीं कहते? सीधा कहिए। लेकिन मत भूलना, मेरे पास भी हुकुम का इक्का है। *(अण्डरवियर की ओर हाथ ले जाता है)*

प्राचार्य : नहीं-नहीं, आप ग़लत समझ रहे हैं। आपको नौकरी से नहीं निकाला गया है, बिल्कुल नहीं।

महीपति : *(आश्चर्य से)* नहीं निकाला?

प्राचार्य : अभी तक तो नहीं। कम-से-कम मुझे तो वो कारण स्वीकार नहीं। मैं पहले से ही आपका शुभचिन्तक हूँ पोरपारणेकर, आप भूल गये।

महीपति : *(निश्चिन्तता की साँस लेकर मगर सन्देहपूर्वक)* अच्छा!

प्राचार्य : मैं यही कह रहा हूँ। आपकी मदद करने में मुझे हमेशा ख़ुशी मिलती है। *(ज़रा धीमे स्वर में)* अगर समय रहते आपने मुझे पहले ही बताया होता तो मैंने सब सैट कर दिया होता।

महीपति : *(सन्देह भरी नज़र से)* क्या? क्या सैट करा दिया होता?

प्राचार्य : लेकिन आपने मुझ पर अपना भरोसा नहीं जताया। आपके न केवल सच्चे, बल्कि एकमात्र शुभचिन्तक के प्रति।... सब कुछ मेरे ही अधिकार क्षेत्र में था। यानी अगर मैंने थोड़ा कहा भर होता तो अब तक तो कब का काम हो चुका होता। मगर आप कुछ कहते नहीं थे और मैं सब देख रहा था—जो होना होता है वैसे ही मति फिर जाती है, यही सच है। आप बहुत भयानक काण्ड कर बैठे।
(लम्बी साँस खींचकर) ख़ैर जाने दीजिए। आपके हाथ-पैर सलामत हैं यही बहुत है। अब आगे का सोचिए।

महीपति : आगे का?

प्राचार्य : जी हाँ, आगे का।

महीपति : यानी कैसा विचार?

प्राचार्य : अभी माहौल गर्म है। ज़रा ठण्डा होने दीजिए, फिर आप कहें तो मैं ज़रा दबाव बनाता हूँ।

महीपति : *(ठीक से अनुमान नहीं लगा पाता)* दबाव? कैसा दबाव?

प्राचार्य : मैं अगर दवाब डालूँगा तो कुछ बात तो बनेगी ही। ऐसा

मुझे लगता है। *(धीमे स्वर में)* सच तो ये है महीपति जी की चेयरमैन साहब भी कुछ-कुछ ऐसा ही सोच रहे हैं।

महीपति : क्या?

प्राचार्य : वही शादी।

महीपति : *(उत्सुकता से)* किसकी शादी?

प्राचार्य : और किसकी? मुझे लगता है कि यदि मौक़ा देखकर बात चलायी जाये तो वो राजी हो जायेंगे। आफ़्टर ऑल ऐसा मेरा सोचना है। लेकिन एकदम बेबुनियाद भी नहीं है। मगर सब कुछ बहुत होशियारी से करना होगा। समझे न?

महीपति : *(स्टिफ होकर)* ऐसा क्या?

प्राचार्य : और उसके लिए आपको भी कुछ त्याग करने की तैयारी रखनी होगी। यानी बहुत कुछ नहीं, लेकिन थोड़ा-बहुत। वो कहते हैं न 'अर्ध त्यजित पंडिताः' बस वैसा ही।

महीपति : *(अनुमान लगाते हुए)* कुछ तो...यानी।

प्राचार्य : उदाहरणार्थ पत्र-चिट्ठियाँ।

महीपति : *(तेवर बदल कर)* चिट्ठियाँ। कैसी चिट्ठियाँ? किसकी चिट्ठियाँ?

प्राचार्य : ओह नो-नो मैंने मिसाल के तौर पर कहा, आप दिल पर न लें। यानी अगर उसने आपको लिखी हों तो। अगर हों तो।

महीपति : *(दर्शकों से)* अच्छा तो ये बात है। *(प्राचार्य से)* क्या सबूत?

प्राचार्य : काहे का सबूत?

महीपति : चिट्ठियाँ, क्या सबूत कि उसने लिखी हैं?

प्राचार्य : सबूत कैसा? ये तो अन्दाज़ा है, ग़लत भी हो सकता है। लेकिन एकबारगी हम पुराना छोड़ भी दें तो नया काम बनाने के लिए पुराने को छोड़ना ही पड़ेगा न?

महीपति : यानी नौकरी?

प्राचार्य : नो, नो, नो, नलू।

महीपति : नलू।

प्राचार्य : हाँ, यानी नलू भी और बुआजी भी। ये ज़रा...यानी भारी होगा। यानी अपनी औकात के हिसाब से ही न। बेकार मुँह से बड़ा कौर निगलने से क्या फ़ायदा? गले में फँस नहीं जायेगा? इससे अच्छा है कि चेयरमैन साहब को दूसरी तरह

से समझाया जाये। वैसे उन्हें बात जम जायेगी। जमने जैसी है भी। वैसे भी पति को छोड़ के भाग आयी है। ऊपर से उम्र भी हो गयी है, रूप-रंग, पढ़ाई- लिखाई भी ठीक ही है। चेयरमैन साहब के लिए परमानेंट लायबिलिटी है ये। लेकिन उसके लिए पहला छोड़ना पड़ेगा, बात इतनी-सी है।

महीपति : आप क्या कहते हैं, बुआजी के लिए नलू को छोड़ दें?

प्राचार्य : क्या बात कही है। वैसे देखा जाये तो इसमें कुछ भी नहीं छूट रहा। आख़िर दोनों एक साथ कैसे निभेंगी? सोच लीजिए।

महीपति : हूँ।

प्राचार्य : पेड़ पर लटके दो की बजाय, हाथ का एक कहीं अच्छा। है न? तो हमने बुआजी को पक्का किया।

महीपति : किसने किया?

प्राचार्य : किया मतलब—करेंगे। यानी वो मैं साहब को समझा दूँगा। वे मान जायेंगे। आई होप। लेकिन भाई तुम्हें लिख कर देना होगा।

महीपति : क्या? क्या लिख कर देना होगा?

प्राचार्य : नया कुछ नहीं। यही कि नली के मामले में जो कुछ हुआ वो मेरी भूल थी।...दुबारा ऐसा नहीं होगा। मैं माफ़ी माँगता हूँ। सिर्फ़ अपने चेयरमैन साहब के...उसके...लिए। मेरा मतलब है उनके सन्तोष के लिए और वापस कर दीजिए।

महीपति : क्या वापस दीजिए।

प्राचार्य : चिट्ठियाँ—नली की।

महीपति : लेकिन।

प्राचार्य : ये भी ठीक है। हम भी वापस माँगेंगे जब उसकी लौटायेंगे। जो उसके पास हैं। यही उचित है। चिट्ठियाँ तो मिलनी ही चाहिए। बस, हो गया, दोनों के लिए रास्ता साफ़।

महीपति : कैसा रास्ता?

प्राचार्य : बुआ जी वाला। जम जाये तो सोने में सुहागा। न जमे तो अपना कोई नुकसान नहीं। वैसे भी पति छोड़ चुकी है और उम्र भी हो गयी है। रूप-सौन्दर्य और पढ़ाई भी जस-तस है। हम दूसरी जगह देखेंगे। सिर सलामत तो पगड़ी पचास। अपना क्या है।

महीपति : ऐसा क्या?

प्राचार्य : अरे हम वो हैं कि जहाँ लात मार दें वही से पानी निकाल दें। एक बुआ छोड़ी तो दूसरी दस खड़ी मिलेंगी। मैं आपके साथ हूँ पोरपारणेकर। चिन्ता न करें। आप हैं कहाँ? आज तक चौदह शादियाँ करवायी हैं इस पठ्ठे ने। फोर्टीन।

महीपति : मैं धन्य हुआ।

प्राचार्य : तो दे डालिए। बला टले एक बार। *(थोड़ा रुककर)* हूँ; दीजिए तो फिर।

महीपति : क्या दें?

प्राचार्य : अरे, तो फिर इतनी देर क्या सुना? *(स्वर बदलकर)* वो चिट्ठियाँ।

महीपति : *(दर्शकों से)* अरे धूर्त रंगे सियार *(प्राचार्य से)* सॉरी।

प्राचार्य : क्या हुआ?

महीपति : वो क्या है, जो चीज़ जिसकी है उसे ही लौटाने में भलाई है। नलू की चिट्ठियाँ नलू को ही लौटानी हैं।

प्राचार्य : ठीक है वो ज़िम्मेदारी मैं लेता हूँ न।

महीपति : लेकिन मैंने आपको चिट्ठियाँ दी कहाँ हैं। उसके लिए नलू को इधर आना होगा। मेरे पास और वो भी अकेले।

प्राचार्य : *(तेवर के साथ)* ये कैसे हो सकता है?

महीपति : मेरी भी कहाँ कोई जिद है?

प्राचार्य : इसका अंजाम बुरा होगा, पोरपारणेकर। दूसरा और कुछ नहीं।

महीपति : *(गड़बड़ाकर)* अंजाम *(साहस से)* होने दो जो होता है, उसे झेलने की ताक़त है मुझमें। प्राचार्य हातमारे।

प्राचार्य : *(जलभुनकर)* आप किसके गाँव में हैं ये न भूलें।

महीपति : गाँव आपका भी नहीं। आप भी बाहर के ही हो। हमारी ही तरह पेट के लिए, कॉलेज की गुड़ की ढेली से चिपके हुए।

प्राचार्य : कुत्ता भी नहीं पूछेगा फिर।

महीपति : *(थूक गुटककर)* न पूछे तो ना पूछे। आपको भी कोई नहीं पूछेगा। इसीलिए तो कुत्ते की तरह मालिक के तलुवे चाटते हैं आप।

प्राचार्य : *(गुस्से से काँपते हुए)* शटअप।

महीपति : *(चुप होता है फिर एकदम याद करके)* गेट आउट। ये कमरा मेरा है।

प्राचार्य : ठीक है, अब तुम कैसे टिक पाते हो यहाँ, मैं देखता हूँ।

[गुस्से से काँपते हुए बाहर निकल जाते हैं।]

महीपति : *(उनके जाते ही कुछ सोचकर ठण्डा पड़ जाता है)* बाप रे। माई गॉड। चक्कर आ गया। आदत नहीं होने से सब कुछ ग़लत हो गया-सा लगता है। अब तो बड़ी मेहनत से अर्जित और फिर न मिलने वाली प्रोफ़ेसरी गयी। लेकिन थोड़ी देर बाद फिर कुछ हिम्मत आयी। उम्मीद बँधी। चिट्ठियाँ अपने कब्ज़े में हैं। हँस-बोल के सहजता से तो अब कुछ होना था नहीं। फिर धौंस से ही क्यूँ न काम लिया जाये। वैसे भी नौकरी जाने वाली है, तो ऐसे ही सही। पनियल सुहाग से तो साला दमकता रंडापा भला। याद आया इण्टरव्यू में वीर काव्य गा कर नौकरी पायी थी। वीर मर्दों का काव्य। पोवाड़ा। मुरारबाजी चा पोवाड़ा। जिसके कबन्ध ने भूतल पे, तीन सौ वध कर डाले पुरन्दर में। वो मुरारबाजी धन्य-धन्य सरदार। लगा कि हम ही वो मुरारबाजी हैं।

महीपति : बस हम कबन्ध हैं कबन्ध। हर-हर महादेव। कबन्ध महीपति बभ्रुवाहन पोरपारणेकर। डट के चलो। यू हैव नथिंग टू लूज नाऊ। *(नलू आयी है। नाक की सीध में देखते खड़ी है। हैं, कौन? मैं... मेरा...मेरा ठिकाने पर है न? सिर पकड़ता है)* ये कौन दिख रहा है मुझे? *(आँख बन्द, खोलकर देखता है)* ओ गॉड। नलिनी आयी है, मेरे घर। मेरी नली। मेरे घर।

नलिनी : जानेमन *(एकाएक रोने लगती है)*

महीपति : *(पास जाकर थोड़ा घबराया हुआ थपकी देता है)* नलू, अरे नलू, चुप हो जाओ, ऐसे रोते नहीं चुप *(एकदम उसे छोड़कर तेजी से ये देख आता है कि उसके साथ कोई है या नहीं और लौटकर दरवाज़ा लगा लेता है।)* एकदम अकेली? कैसे भागकर आयी हो नलू? क्या घर छोड़कर आयी हो। *(फिर घूमता है, और दरवाज़े की साँकल चढ़ा देता है)* हाथ झटक कर होंठों पर जीभ फेरकर, घर पर शायद नहीं मालूम कि यहाँ आयी हो।

लेकिन आ गयीं ये अच्छा किया। तुम्हारी बहुत याद आती थी मुझे नलू। मुझे लगा तुम ग़लतफ़हमी पाल लोगी। यानी वो बुआजी वाला मामला। लेकिन उस बारे में बाद में बात करेंगे।

[स्टेज के पिछले हिस्से में चेयरमैन चाचा आते हैं और अपनी मूँछों पर घी लगाकर ऐंठ रहे हैं।]

(नलू का हाथ पकड़कर) चलो पहले। कितना ठण्डा हो गया है तुम्हारा हाथ। नलू सच तो ये है कि मुझे तुम्हें भगाना था। शादी की सारी तैयारी कर रखी थी मैंने। लेकिन उस भड़वे बबन्या ने सब मटियामेट कर दिया। यू नो ही इज़ एन इडियट। लेकिन मुझे लगा था सब ख़त्म हो गया। लेकिन तुम्हें देखकर यक़ीन ही नहीं हो रहा। चलो न नलू, चलो। आई लव यू। *(आई, आई वाँट यू नलू।)*

नलिनी : *(सिर पर पल्लू, नज़र सामने, हिलती भी नहीं)*

महीपति : *(वो हिलती नहीं ये देखकर)* ये क्या, क्या हुआ है? तुम चलोगी नहीं। अरे चलो न।

नलिनी : *(उसी तरह बुत बनी खड़ी है)* मुझे माफ़ करो जानेमन।

महीपति : माफ़ी, किस बात के लिए। अच्छा किया माफ़। अब चलो तो सही। *(थोड़ा रुककर)* फिर से आई लव यू नलू। आई लव यू—

नलिनी : मैं नहीं आ सकती।

महीपति : लेकिन क्यों? *(नलू चुप, सिर पर पल्लू और नज़र सामने)* अच्छा तब भी चलो पहले।

नलिनी : नहीं जानू, मेरा आना सम्भव नहीं।

महीपति : वो देखेंगे बाद में, अभी चलो *(बेसब्र होकर)* तुम्हें मेरे साथ चलना ही होगा। ए नलू, ऐसा नहीं चलेगा। चलो पहले। कहता हूँ न चलो।

नलिनी : जानेमन। मैं तुम्हारी नहीं हो सकती।

महीपति : कोई बात नहीं। *(सोचकर)* क्या कहा? क्या बेकार की बात करती हो। चलो अब पहले। चलो मेरी मुनिया—चलो चलो।

[नलू हिलती भी नहीं ज्यों कि त्यों खानदानी स्टैच्यू की तरह।]

महीपति : *(चिढ़कर)* साला ऐसे बुत की तरह खड़ा रहना था तो आयीं ही क्यों?

नलिनी : तुम्हें अलविदा कहने।

महीपति : क्या *(फिर उम्मीद से)* अच्छा। वो समझ लेंगे बाद में। लेकिन अब तो *(उसे खींचकर सीने से लगा लेता है फिर भी वो बुत की तरह ही, गुस्से से उसे छोड़ते हुए)* मरो। *(नलू वैसी की वैसी बुत-सी)* चलती बनो, कायर दगाबाज़। मुझे फँसाकर भाग रही हो। ख़ैर जाने दो अब पहले हम... *(नलिनी बुत की तरह)*

नलिनी : प्यारे, मैंने बहुत बड़ी ग़लती की है।

महीपति : क्या ग़लती की है?

नलिनी : तुम्हारे चक्कर में पड़कर मैंने बहुत बड़ी भूल की। मेरे कारण खानदान की इज़्ज़त पर दाग लगना था। अच्छा हुआ समय रहते मैं सँभल गयी।

महीपति : *(उसके कहने की असहजता जानकर)* क्या?

नलिनी : मुझे अब होश आ गया है। मुझे अब अपनी ग़लती का एहसास हो रहा है। जो मैंने किया वो नहीं करना चाहिए था।

महीपति : ऐसा क्या? अच्छा।

नलिनी : हाँ। बालपन में आदमी से ग़लती हो जाती है। लेकिन अगर वो समय रहते सुधार ली जाये तो घराने की इज़्ज़त बच जाती है।

महीपति : क्या कहा, ज़रा फिर से कहना।

नलिनी : आदमी के हाथों ग़लती हो जाती है लेकिन समय रहते सुधार लेने से घराने की इज़्ज़त रह जाती है।

महीपति : वाह, बढ़िया। सारा पढ़ाया ज्ञान लगता है तुम्हारा। तुम्हारे मालिक का, तुम्हारे उस चाचा का।

नलिनी : अपनी ग़लती मैं सुधारूँगी। इसके बाद मैं तुमसे कभी नहीं मिलूँगी।

महीपति : *(चिढ़कर)* अच्छा ही होगा।

नलिनी : *(जैसे उसने सुना न हो इस भाव से, कोई पुतला बोल रहा हो जैसे)* मैं पहचान भी नहीं दिखाऊँगी। तुम्हें भूल जाऊँगी।

अब मेरी शादी तय हो गयी है। माँ-बाप ने मेरे लिए वर ढूँढ़ लिया है। वो खानदान भी ऊँचा है और हमारी जाति का भी है। माँ-बाप जहाँ तय करें, वहीं शादी करना बच्चों का कर्तव्य है। उसमें ही भलाई है और घराने की शान भी है। मेरी ससुराल बहुत अच्छी है। मेरा होने वाला पति खानदानी है। मेरा ससुर रईस है। हमारी बड़ी हवेली है। घर में नौकर-चाकर हैं। पाँच दुधारू जानवर और छह बैल हैं। पचास एकड़ ज़मीन भी है। गाँव में सिर्फ़ हमारी ही ज़मीन पर ट्रैक्टर चलता है। मेरे ससुर पंचायत के सदस्य हैं और पतिदेव की ज़िले के एम.एल.ए. साहब तक पहुँच है। आसपास के दस मील तक हमारी ससुराल के जोड़ का घर नहीं। ऐसा ससुराल मुझे मिला है। ये मेरा सौभाग्य है। ऐसी ससुराल में जाकर मैं सुखी ही रहूँगी।

महीपति : बन्द करो ये तोता रटन्त। *(बेचैन होकर)*

नलिनी : *(जैसे सुना ही नहीं इस भाव से)* इस मुकाबले तुम क्या हो। तुम्हारी जाति भी हमसे नीची है। तुम्हारा खानदान भी कमतर है। हमारे जूतों के पास बैठने की भी तुम्हारी हैसियत नहीं है।

महीपति : *(आधे पागलपन में)* नलू बन्द करो पहले ये बकवास।

नलिनी : *(वैसे ही स्वर में)* हमारी चाकरी करने के लायक हो तुम।

महीपति : नले कहे देता हूँ बन्द करो अब ये।

नलिनी : *(उसी स्वर में)* हमारे दादा परदादा के यहाँ तुम्हारी जाति वाले घोड़े की लीद उठाते थे। खरारा करते थे। हमें चाचा बताते हैं।

महीपति : नलू, नलू गधे की तरह रैंको मत।

नलिनी : हमारी जूठन खाकर तुम्हारे जाति वाले अपना पेट भरते थे।

महीपति : शटअप। पहले मुँह बन्द कर, तेरे चाचा की...।

नलिनी : तुम्हारी जाति के लोगों में दोगलाई बहुत...

[महीपति नलू को एक तमाचा रसीद करता है।]

नलिनी : *(गाल पर हाथ रखकर पुतले की तरह आगे आती है)* अच्छा हुआ मुझे समय रहते अपनी ग़लती का एहसास हो गया। अब आगे से ऐसी ग़लती नहीं होगी।

(महीपति अचम्भे से देख रहा है) इसके आगे मैं बुर्जुगों के बताये अनुसार ही चलूँगी। ससुराल में अच्छे से रहूँगी। तुम्हारा और मेरा अब कोई सम्बन्ध नहीं। मैं तुम्हें फिर कभी नहीं मिलूँगी। तुम कभी टकराये तब भी पहचान तक नहीं दिखाऊँगी। मैं अपने पति या फिर ससुर को बताऊँगी। उनके पास भी चाचा जी की तरह ही बन्दूक का लाइसेंस है। वो तुमसे निबट लेंगे। तुम्हें पछताना पड़ेगा।

महीपति : *(होंठ चबाकर)* अभी भी हो रहा है।

नलिनी : भलाई इसी में है कि तुम मुझे मेरे पत्र लौटा दो।

महीपति : *(चौंककर)* क्या?

नलिनी : वरना हम तुम पर पुलिस केस कर देंगे। तुम्हें जेल भिजवायेंगे। वहाँ तुम पत्थर तोड़ोगे। मेरे चाचा की पुलिस में ऊपर तक पहुँच है।

महीपति : मुझे धमका रही हो? धमकी देती हो। जा नहीं देता चिट्ठियाँ। *(गुस्से से थर-थर काँप रहा है)* करो क्या करते हो? डलवाओ जेल में, देखता हूँ।

नलिनी : तुम्हें पछताना पड़ेगा। चाचा जी तुम्हें छोडेंगे नहीं।

[पीछे स्टेज पर नलू के चाचा राइफल साफ़ करने में मगन हैं ।]

तुम्हें गाँव छोड़ना पड़ेगा। तुम्हारी तनख़्वाह भी रोक ली जायेगी। मिट्टी खानी पड़ेगी।

महीपति : हाँ ठीक है। देखता हूँ, नहीं देता चिट्ठियाँ।

नलिनी : तुम्हें महँगा पड़ेगा।

महीपति : पड़ने दो। अगर तुम्हारे उस चाचा ने मेरे राई बराबर के भी टुकड़े किये न तब भी, अब चिट्ठियाँ तो नहीं मिलेंगी। ये महीपति बभ्रुवाहन पोरपारेणकर प्रोफ़ेसर हुआ तो क्या मैंने मरी माँ का दूध नहीं पिया है। ईश्वरभाई के अखाड़े में दाँव-पेच खेले हैं। परम पूज्य दादाभाई, पूजनीय फफे गुरूजी, सन्त बोडकेगावकर महाराज, ऐसे एक से एक नर रत्नों के....

नलिनी : तो फिर में जाऊँ। *(पल्लू सर पर, नज़र सामने, पुतले की तरह आवाज़)* तुम्हें आख़िरी सलाह देने आयी थी। तुम्हारा

मेरा रिश्ता ख़त्म। अब मेरे लिए तुम मर चुके और मैं तुम्हारे लिए।

महीपति : *(एकदम मूक होकर उसका हाथ अपने हाथ में लेकर)* नलू-नले, नलिनी।

[नलू बुत बनी खडी है। सिर्फ़ पल्लू सँवारती है। महीपति उसका हाथ छोड़ता है।]

महीपति : क्या हो गया तुम्हें। ऐसा कैसे हो गया। तुम ऐसी तो कभी न थीं *(अब भी आस भरी आँखों से)* देखो इधर!... हैं अब भी आँखों में आँसू हैं तुम्हारी।...

नलिनी : *(बुत की तरह ही)* जाती हूँ मैं। आख़िरी एक बार बता दो, चिट्ठियाँ दोगे की नहीं। नहीं तो मारे जाओगे।

महीपति : क्या? क्या कहा तुमने *(भरे गले से)* वैसे भी मर चुका हूँ। तुम्हारी ये हालत...क्या तुम ही बोल रही हो ये सब?

नलिनी : चिट्ठियाँ देते हो या नहीं। बस इतना बताओ।

महीपति : *(उसके कन्धे हिलाते हुए)* एक बार के लिए तो होश में आओ। नले। आदमी की तरह बोलो। जीवित आदमी की तरह। ऐसे नहीं किसी खानदान के स्टैच्यू की तरह स्मारक जैसी। संगमरमरी स्मारक की तरह नहीं। *(सिहर उठता है)* तुम अपने जैसा बोलो ज़्यादा नहीं। सिर्फ़ एक वाक्य, सिर्फ़ एक, कम-से-कम एक बार मुझे पुकारो। पहले की तरह धीरे-से एक बार कहो प्रिय।

नलिनी : *(बुत की तरह)* तो क्या सोचा तुमने?

महीपति : *(भीतर से हर्ट)* तो नहीं पुकारोगी तुम?

नलिनी : जाती हूँ मैं।

[घूमकर पुतले की तरह चलने लगती है।]

महीपति : *(तड़पकर)* कभी माफ़ नहीं करूँगा उसे—उस खानदानी चाचा को। मैं शाप देना चाहता हूँ उसे, कोई शाप। लेकिन मैंने भी तुम्हारा इस्तेमाल किया नलू—मैंने भी...नलू—तुम्हारा इस्तेमाल किया।

[महीपति भावनाओं का आवेग थामे खड़ा है। नलू घर के पिछले हिस्से में बुत की तरह प्रवेश करते हुए चाचा जी के सामने से, अन्दर चली जाती है। पीछे-पीछे

उसके चेयरमैन चाचा भी जाते हैं। रंगमंच के आगे के हिस्से में महीपति शान्त भाव से अण्डरवियर से चिट्ठियों का बण्डल निकालता है। उसके चेहरे पर फिर से मूल स्वभावगत हास्य है।]

महीपति : सभी चिट्ठियों के जितने छोटे-छोटे टुकड़े हो सकते हैं उतने कर देता है। इधर-उधर बिखरा देता है।

(दर्शकों से) कम-से-कम एक अनुभव। क्या? अविस्मरणीय, संस्मरणीय वग़ैरह। प्राध्यापक एम.बी. पोरपारणेकर जी को जैसी की उम्मीद थी नौकरी से छुट्टी मिल गयी। साथ ही तीन महीने का वेतन भी डूब गया। इसके अलावा उन्हें एकान्त में पाकर कुछ बलिष्ठ ग्रामीण गुण्डों ने उनके साथ अच्छे से धक्का-मुक्की भी की। उनके कपड़े फाड़े और उनकी माता को याद कर कुछ गालियाँ भी दीं। सच पूछा जाये तो इस सबसे माँ का क्या सम्बन्ध। परन्तु परम्परा है। माँ तक पहुँचकर हमारी जनता कृतार्थ हो जाती है। फिर वो माँ किसी की भी क्यों न हो। इस तरह प्राध्यापक के पंख नुचवाकर पोरपारणेकर फिर एक बार मामूली महीपति पोरपारणेकर होकर वापस घर लौटा।

[इधर प्राध्यापकगण, विद्यार्थी, प्राचार्य और उनका नेतृत्व करते नलिनी के चाचा चेयरमैन सब क़तार में खड़े दिखायी देते हैं। अब करताल, एकतारा के साथ संगीत बजने लगता है। अमरपुर ले चलो...भजन शुरू होता है। महीपति कन्धे पर मुँह तक भरा झोला लटकाये, चलने लगता है। एक-एक क़दम, ताल के साथ क़दम मिलाते। उसके पीछे जमघट भजन का मुखड़ा दुहराते हुए। अन्त में सभी महीपति पर ''पुंडलीक वरदा हरि विट्ठल'' कहकर टमाटर, केले के छिलके आदि फेंक कर मारते हैं। टाँग फँसाकर गिराने की कोशिश करते हैं।]

[अब स्टेज के दूसरे सिरे पर ईश्वरभाई आते हैं। नाक के छोर पर चश्मा चढ़ाये मेज़ पर काग़ज़ रखकर कुछ लिखना शुरू कर देते हैं। कपड़ों पर हाथ फेरता महीपति

ईश्वरभाई के सामने आकर खड़ा हो जाता है। वही मुस्कान चेहरे पर है।]

ईश्वरभाई : *(ऊपर देखते हुए अपनी दाढ़ी सहलाते)* कौन? महीपति? क्यों रे शैतान? अचानक कैसे आ गये? लगता है, नौकरी छूट गयी। ठीक पहचाना न मैंने? अभी नहीं, कल सुबह आना। कल सुबह। अभी मैं सम्पादकीय लिख रहा हूँ। अच्छा-खासा फटकार के लिख रहा हूँ। बटाविया के भ्रष्टाचार पर। क्या भयंकर दुर्दशा है। भयानक हालात हैं वहाँ बटाविया में। च...च...च... *(लिखने में मग्न)*

[मुस्कराहट लिए महीपति अब दर्शकों के सामने आता है और देखता रहता है।]

महीपति : हम आसमाँ से टकराये, तूफ़ानों को पार कर आये, समन्दर को भी लाँघ आये, लेकिन हाय ग़ालिब।

(मोटरसाइकिल की आवाज़ दूर से पास आती हुई) महीपति की मुस्कुराहट गायब होने लगती है। हाय ग़ालिब। *(दर्शकों से जल्दी-जल्दी।)* आया, आ गया, चलिए बटाविया चलिए।

[इतने में गिरते-पड़ते बबन्या आ पहुँचता है। हेलमेट वग़ैरह आदि पहनावे से लैस बबना ऐसे दिखायी पड़ता है जैसे विमान चालक हो या फिर गोताखोर। ऐसा लग रहा है जैसे कोई बहुत बड़ा एक्सीडेण्ट करके आया हो। चेहरे पर मुदर्नी छायी हुई है।]

बबना : *(चीख मारकर)* महीपति को पकड़कर मास्साब, बाप ने घर से निकाल दिया।

(परदा गिरता है)

❑❑